Eclipse da razão

FUNDAÇÃO EDITORA DA UNESP

Presidente do Conselho Curador
Mário Sérgio Vasconcelos
Diretor-Presidente
Jézio Hernani Bomfim Gutierre
Superintendente Administrativo e Financeiro
William de Souza Agostinho
Conselho Editorial Acadêmico
Danilo Rothberg
Luis Fernando Ayerbe
Marcelo Takeshi Yamashita
Maria Cristina Pereira Lima
Milton Terumitsu Sogabe
Newton La Scala Júnior
Pedro Angelo Pagni
Renata Junqueira de Souza
Sandra Aparecida Ferreira
Valéria dos Santos Guimarães
Editores-Adjuntos
Anderson Nobara
Leandro Rodrigues

MAX HORKHEIMER

Eclipse da razão

Tradução
Carlos Henrique Pissardo

© Oxford University Press, Inc., New York, 1947
© S. Fischer Verlag GmbH, Frankfurt am Main, 1967
© 2015 Editora Unesp
Título original: *Eclipse of Reason*

Fundação Editora da Unesp (FEU)
Praça da Sé, 108
01001-900 – São Paulo – SP
Tel.: (0xx11) 3242-7171
Fax: (0xx11) 3242-7172
www.editoraunesp.com.br
www.livrariaunesp.com.br
atendimento.editora@unesp.br

CIP – Brasil. Catalogação na publicação
Sindicato Nacional dos Editores de Livros, RJ

H786e
Horkheimer, Max
   Eclipse da razão / Max Horkheimer; tradução Carlos Henrique Pissardo. – 1.ed. – São Paulo: Editora Unesp, 2015.

   Tradução de: *Eclipse of Reason*
   ISBN 978-85-393-0614-5

   1. Filosofia.   I. Pissardo, Carlos Henrique. II. Título.
15-28194   CDD: 100
                                                        CDU: 1

Editora afiliada:

Sumário

Prefácio . 7

  I Meios e fins . *11*

 II Panaceias conflitantes . 69

III A revolta da natureza . *105*

IV Ascensão e declínio do indivíduo . *143*

 V Sobre o conceito de filosofia . *179*

Referências bibliográficas . *205*

Comissão editorial

Ricardo Musse
Wolfgang Leo Maar
Ernani Chaves
Stefan Fornos Klein

Prefácio

As reflexões apresentadas neste livro buscam relacionar o presente *impasse* no pensamento filosófico com o dilema concreto da perspectiva humana em relação ao futuro.

Os problemas econômicos e sociais desta obra receberam tratamento hábil e extensivo nas mãos de outros escritores em vários países. Este livro segue uma abordagem diferente. Seu objetivo é investigar o conceito de racionalidade subjacente à nossa cultura industrial contemporânea, a fim de descobrir se esse conceito não contém defeitos que o viciam em sua essência.

No momento da escrita deste texto, os povos das nações democráticas confrontam-se com os problemas de consumar sua vitória conquistada pelas armas. Eles devem elaborar e colocar em prática os princípios da humanidade em nome dos quais os sacrifícios da guerra foram feitos. As potencialidades presentes de realização social superam as expectativas de todos os filósofos e estadistas que já esboçaram em programas utópicos a ideia de uma sociedade verdadeiramente humana. Ainda assim, existe um sentimento universal de medo e desilusão. As

Eclipse da razão

esperanças do gênero humano parecem estar mais distantes de sua realização hoje do que nas hesitantes épocas em que elas foram formuladas pela primeira vez por humanistas. Parece que enquanto o conhecimento técnico expande o horizonte do pensamento e da atividade do homem, sua autonomia como um indivíduo, sua capacidade de resistir ao crescente aparato de manipulação de massa, seu poder de imaginação, seu juízo independente são aparentemente reduzidos. O avanço nos meios técnicos de esclarecimento é acompanhado por um processo de desumanização. Assim, o progresso ameaça anular o próprio objetivo que ele supostamente deveria realizar – a ideia de homem. Se essa situação é uma fase necessária na ascensão geral da sociedade como um todo ou se ela levará a uma reemergência vitoriosa do neobarbarismo recentemente derrotado no campo de batalha, isso depende, pelo menos em parte, da nossa capacidade de interpretar corretamente as profundas mudanças que agora ocorrem na mentalidade pública e na natureza humana.

As páginas que seguem representam um esforço de lançar alguma luz sobre as implicações filosóficas dessas mudanças. Para tanto, pareceu necessário discutir algumas escolas de pensamento predominantes como refrações de certos aspectos da nossa civilização. Ao fazê-lo, o autor não pretende sugerir nada parecido a um programa de ação. Pelo contrário, ele acredita que a moderna propensão a traduzir toda ideia em ação, ou em abstinência ativa de toda ação, é um dos sintomas da crise cultural presente: a ação pela ação não é de modo algum superior ao pensamento pelo pensamento, e talvez seja até inferior a ele. Como entendida e praticada na nossa civilização, a progressiva racionalização tende, em minha opinião, a obliterar justamente aquela substância da razão em nome da qual esse progresso é defendido.

Prefácio

O texto dos vários capítulos deste volume é em parte baseado numa série de palestras públicas ministradas na Universidade Columbia na primavera de 1944. Até certo ponto, a exposição reflete a estrutura original das palestras, em vez de pretender uma organização mais amarrada do material. Essas palestras foram concebidas para apresentar em epítome alguns aspectos da abrangente teoria filosófica desenvolvida pelo autor, nos últimos anos, em associação com Theodor W. Adorno. Seria difícil dizer quais ideias originaram-se na mente dele e quais na minha; nossa filosofia é uma só. A cooperação infatigável do meu amigo Leo Lowenthal e seu aconselhamento como sociólogo foram uma contribuição inestimável.

Finalmente, deve-se deixar claro aqui, como um reconhecimento permanente, que todo meu trabalho seria impensável sem a segurança material e a solidariedade intelectual que encontrei no Instituto de Pesquisa Social ao longo das últimas duas décadas.

Max Horkheimer
Instituto de Pesquisa Social
Universidade Columbia
Março de 1946

I
Meios e fins

Quando se pede a um homem comum que explique o que se entende pelo termo razão, sua reação é quase sempre de hesitação e embaraço. Seria um erro interpretar isso como indicador de uma sabedoria profunda demais ou de um pensamento abstruso demais para ser expresso em palavras. O que essa reação revela, na verdade, é o sentimento de que não há nada a ser inquirido, de que o conceito de razão é autoexplicativo, de que a própria questão é supérflua. Quando pressionado a responder, o homem médio dirá que coisas razoáveis [*reasonable*] são as coisas obviamente úteis e que todo homem razoável, supõe-se, é capaz de decidir o que é útil para ele. Naturalmente, as circunstâncias de cada situação, bem como as leis, os costumes e as tradições, devem ser levadas em conta. Mas a força que, em última instância, torna possíveis ações razoáveis é a faculdade de classificação, inferência e dedução, não importando qual o conteúdo específico – o funcionamento abstrato do mecanismo do pensar. Esse tipo de razão pode ser chamado de razão subjetiva. Está essencialmente preocupada com meios e fins, com a adequação de procedimentos para propósitos tomados como

Eclipse da razão

mais ou menos evidentes e supostamente autoexplicativos. Dá pouca importância à questão de se os propósitos em si são razoáveis. Se, de algum modo, faz referência a fins, aceita como evidente que eles também sejam razoáveis no sentido subjetivo, isto é, que sirvam ao interesse subjetivo relativo à autopreservação — seja do indivíduo singular, seja da comunidade de cuja manutenção depende a do indivíduo. A ideia de que um objetivo possa ser razoável por si mesmo — com base nas virtudes que o conhecimento revela que ele tenha em si —, sem referência a qualquer tipo de vantagem ou ganho subjetivo, é completamente estranha à razão subjetiva, mesmo quando ela se coloca acima da consideração dos valores utilitários imediatos e se empenha em reflexões sobre a ordem social como um todo.

Por mais ingênua ou superficial que possa parecer essa definição de razão, ela é um importante sintoma da profunda mudança de perspectiva que tem ocorrido no pensamento ocidental ao longo dos últimos séculos. Por muito tempo, uma visão diametralmente oposta de razão prevaleceu. Essa visão afirmava a existência da razão como uma força não apenas na mente individual, mas também no mundo objetivo — nas relações entre seres humanos e entre classes sociais, em instituições sociais e na natureza e em suas manifestações. Grandes sistemas filosóficos, como os de Platão e Aristóteles, a escolástica e o idealismo alemão, foram fundados sobre uma teoria objetiva de razão. Visava-se a desenvolver um sistema abrangente, ou uma hierarquia, de todos os seres, incluindo o homem e seus objetivos. O grau de razoabilidade da vida de um homem poderia ser determinado de acordo com sua harmonia em relação a essa totalidade. Sua estrutura objetiva, e não apenas o homem e seus propósitos, era a régua dos pensamentos e ações individuais.

Meios e fins

Esse conceito de razão jamais excluiu a razão subjetiva, mas a considerava tão somente como uma expressão parcial, limitada, de uma racionalidade universal da qual se derivavam os critérios para todos os seres e coisas. A ênfase estava nos fins, não nos meios. O esforço maior desse tipo de pensamento era o de reconciliar a ordem objetiva do "razoável", como a filosofia a concebia, com a existência humana, incluindo o autointeresse e a autopreservação. Platão, por exemplo, em *A República,* dedica-se a provar que aquele que vive à luz da razão objetiva também vive uma vida bem-sucedida e feliz. A teoria da razão objetiva não se focava na coordenação entre comportamento e objetivo, mas em conceitos — por mais mitológicos que eles hoje nos soem — sobre a ideia do bem supremo, sobre o problema do destino humano e sobre a forma de realização de fins últimos.

Há uma diferença fundamental entre essa teoria, de acordo com a qual a razão é um princípio inerente à realidade, e a doutrina de que a razão é uma faculdade subjetiva da mente. De acordo com a última, apenas o sujeito pode possuir genuinamente razão: se dizemos que uma instituição ou qualquer outra realidade é razoável, queremos normalmente dizer que homens a organizaram de modo razoável, que eles aplicaram a ela, de uma forma mais ou menos técnica, sua capacidade lógica, de cálculo. Em última instância, a razão subjetiva prova ser a habilidade de calcular probabilidades e, desse modo, de coordenar os meios corretos com um dado fim. Essa definição parece estar em harmonia com as ideias de muitos filósofos notáveis, particularmente de pensadores ingleses desde os tempos de John Locke. Por certo, Locke não negligenciou outras funções mentais que poderiam cair na mesma categoria, como, por exemplo, o discernimento e a reflexão. Mas essas funções certamente

Eclipse da razão

contribuem para a coordenação entre meios e fins, o que, no final das contas, é a preocupação social da ciência e, de algum modo, a *raison d'être* da teoria no processo social de produção.

Na visão subjetivista, quando "razão" é usada para conotar uma coisa ou uma ideia, em vez de um ato, ela refere-se exclusivamente à relação de tal objeto ou conceito com um propósito, não ao próprio objeto ou conceito. Significa que a coisa ou a ideia é boa para alguma outra coisa. Não existe qualquer objetivo razoável enquanto tal, e discutir a superioridade de um objetivo em relação a outro, em termos de razão, torna-se sem sentido. Da perspectiva subjetiva, tal discussão é possível apenas se ambos os objetivos servirem a um objetivo terceiro e superior, isto é, se eles forem meios, não fins.[1]

---

1 A diferença entre essa conotação de razão e a concepção objetivista lembra, até certo ponto, a diferença entre racionalidade funcional e substancial, como essas palavras são usadas na escola de Max Weber. Max Weber, no entanto, aderiu tão definitivamente à tendência subjetivista que não concebeu qualquer racionalidade – nem mesmo uma "substancial" – pela qual o homem pudesse discriminar um fim de outro. Se nossos impulsos, intenções e, por fim, nossas decisões últimas devem *a priori* ser irracionais, a razão substancial torna-se um mero agente de correlação e é, portanto, ela própria essencialmente "funcional". Embora as descrições do próprio Weber e dos seus seguidores sobre a burocratização e monopolização do conhecimento tenham iluminado muito do aspecto social da transição da razão objetiva para a subjetiva (cf. particularmente as análises de Karl Mannheim, em *Man and Society*), o pessimismo de Max Weber em relação à possibilidade do conhecimento e da ação racionais, como expresso em sua filosofia (cf., por exemplo, "Wissenschaft als Beruf"), é ele mesmo um passo significativo na renúncia, pela filosofia e pelas ciências, de suas aspirações de definir os objetivos do homem.

Meios e fins

A relação entre esses dois conceitos de razão não é meramente de oposição. Historicamente, ambos os aspectos da razão, o subjetivo e o objetivo, estiveram presentes desde o princípio e a predominância do primeiro sobre o segundo foi alcançada no curso de um longo processo. A razão, no seu sentido próprio de *logos* ou *ratio*, sempre foi essencialmente relacionada ao sujeito, a sua faculdade de pensar. Todos os termos que a denotam foram antes expressões subjetivas; assim, o termo grego tem por raiz "dizer", denotando a faculdade subjetiva da fala. A faculdade subjetiva do pensar foi o agente crítico que dissolveu a superstição. Mas, ao denunciar a mitologia como falsa objetividade, isto é, como uma criação do sujeito, ela teve de usar conceitos que reconhecia como adequados. Assim, ela sempre desenvolveu uma objetividade própria. No platonismo, a teoria pitagórica dos números, que se originou na mitologia astral, foi transformada na teoria das ideias que tenta definir o conteúdo supremo do pensamento como uma objetividade absoluta que, em última instância, extrapola a faculdade do pensar, não obstante relacionada a ela. A presente crise da razão consiste fundamentalmente no fato de que, a certa altura, o pensamento tornou-se simplesmente incapaz de conceber tal objetividade ou começou a negá-la como ilusão. Esse processo avançou gradualmente até incluir o conteúdo objetivo de todo conceito racional. Ao final, nenhuma realidade particular pode parecer razoável *per se*; todos os conceitos básicos, esvaziados de seu conteúdo, tornaram-se apenas carapaças formais. Na medida em que a razão é subjetivizada, ela também se torna formalizada.[2]

---

2 Os termos subjetivização e formalização, embora em muitos aspectos de significados não idênticos, serão usados como praticamente equivalentes ao longo deste livro.

A formalização da razão tem profundas implicações práticas e teóricas. Se a visão subjetivista é verdadeira, o pensamento nada pode ajudar na determinação da desejabilidade de qualquer objetivo em si. A aceitabilidade de ideais, os critérios para as nossas ações e crenças, os princípios orientadores da ética e da política, todas nossas decisões últimas dependerão de fatores outros que não a razão. Supõe-se que elas sejam matéria de escolha e predileção, e torna-se sem sentido falar de verdade quando se toma uma decisão prática, moral ou estética. "Um juízo de fato", diz Russell,[3] um dos pensadores mais objetivistas entre os subjetivistas,

> é capaz de uma propriedade chamada "verdade", que ele tem ou não tem independentemente daquilo que qualquer um pode pensar dele [...] Mas [...] não vejo qualquer propriedade análoga à "verdade" que pertença ou não a um juízo ético. Isso, deve-se admitir, coloca a ética em uma categoria diferente da ciência.

No entanto, Russell, mais que outros, é ciente das dificuldades nas quais uma teoria como essa acaba necessariamente envolvida. "Um sistema inconsistente pode muito bem conter menos falsidade que um consistente."[4] Apesar de sua filosofia, que sustenta que "os valores éticos últimos são subjetivos",[5] ele parece diferenciar as qualidades morais objetivas das ações humanas e nossa percepção delas: "O que é horrível eu verei como horrível". Ele tem a coragem da inconsistência e, assim,

---

3 Russell, Reply to Criticisms, p.723.
4 Ibid., p.720.
5 Ibid.

Meios e fins

repudiando certos aspectos de sua lógica antidialética, de fato permanece ao mesmo tempo um filósofo e um humanista. Se ele aderisse à sua teoria cientificista de modo consistente, teria de admitir que não há ações humanas horríveis ou condições desumanas e que o mal que ele vê é apenas uma ilusão.

De acordo com essas teorias, o pensamento serve a qualquer esforço particular, bom ou mal. Ele é uma ferramenta de todas as ações da sociedade, mas não deve tentar estabelecer padrões para a vida social e individual, que, supõe-se, são estabelecidos por outras forças. Tanto na discussão leiga quanto na científica, a razão passou a ser encarada como uma faculdade intelectual de coordenação, cuja eficiência pode ser aumentada pelo uso metódico e pela remoção de quaisquer fatores não intelectuais, tais como as emoções conscientes ou inconscientes. A razão jamais dirigiu de fato a realidade social, mas ela agora foi tão completamente expurgada de qualquer tendência ou preferência específica que, por fim, renunciou até à tarefa de julgar as ações do homem e seu modo de vida. A razão os entregou à sanção última dos interesses conflitantes aos quais nosso mundo parece de fato abandonado.

Esse rebaixamento da razão a uma posição subordinada está em nítido contraste com as ideias dos pioneiros da civilização burguesa, os representantes políticos e espirituais da classe média ascendente, que eram unânimes em declarar que a razão cumpre um papel de destaque no comportamento humano, talvez mesmo o predominante. Eles definiam uma legislatura sábia como aquela cujas leis conformam-se à razão; as políticas nacionais e internacionais eram julgadas conforme seguiam ou não as diretrizes da razão. A razão deveria regular nossas preferências e nossas relações com outros seres humanos e

Eclipse da razão

com a natureza. Ela era pensada como uma entidade, um poder espiritual vivendo em cada homem. Esse poder era considerado o árbitro supremo – quando não a força criativa por trás das ideias e das coisas às quais devíamos devotar nossas vidas.

Hoje, quando você é intimado por um tribunal de trânsito e o juiz lhe pergunta se seu modo de dirigir era razoável, ele quer dizer: você fez tudo o que estava ao seu alcance para proteger sua vida e sua propriedade e as de outras pessoas e para obedecer à lei? Ele assume implicitamente que esses valores devem ser respeitados. O que ele questiona é meramente a adequação do seu comportamento nos termos desses padrões em geral reconhecidos. Na maioria dos casos, ser razoável significa não ser obstinado, o que por sua vez indica conformidade com a realidade tal como ela é. O princípio do ajustamento é aceito sem mais. Quando a ideia de razão foi concebida, pretendia-se alcançar mais do que a mera regulação da relação entre meios e fins: ela era encarada como um instrumento para entender os fins, para *determiná-los*. Sócrates morreu porque submeteu as ideias mais sagradas e familiares da sua comunidade e do seu país à crítica do *daimonion*, ou do pensamento dialético, como Platão a chamava. Ao fazê-lo, ele lutou tanto contra o conservadorismo ideológico quanto contra o relativismo disfarçado de progressismo, mas, na verdade, subordinado a interesses pessoais e profissionais. Em outras palavras, ele lutou contra a razão subjetiva, formalista, advogada pelos outros sofistas. Ele minou a tradição sagrada da Grécia, o modo de vida ateniense, preparando assim o solo para formas radicalmente diferentes de vida social e individual. Sócrates defendeu que a razão, concebida como uma visão universal, devia determinar as crenças, regular as relações entre o homem e o homem e entre o homem e a natureza.

Meios e fins

Embora sua doutrina possa ser considerada a origem filosófica do conceito de sujeito como o juiz último do bem e do mal, ele se referia à razão e aos seus veredilos não como meros nomes ou convenções, mas como reflexos da verdadeira natureza das coisas. Por mais negativistas que fossem seus ensinamentos, eles implicavam a ideia de verdade absoluta e eram apresentados como visões objetivas, quase revelações. Seu *daimonion* era um deus mais espiritual, embora não menos real que os outros deuses nos quais se acreditava. Seu nome, presumia-se, denotava uma força viva. Na filosofia de Platão, o poder socrático da intuição ou da consciência, o novo deus dentro do sujeito individual, destronou ou pelo menos transformou seus rivais da mitologia grega. Eles tornaram-se ideias. Não que eles sejam apenas suas criaturas, produtos ou conteúdos, similares às sensações dos sujeitos na teoria do idealismo subjetivo. Pelo contrário, eles ainda preservam algumas prerrogativas dos antigos deuses: ocupam uma esfera mais alta e nobre que os humanos; são modelos, são imortais. O *daimonion*, por sua vez, transformou-se em alma, e a alma é o olho que pode perceber as ideias. Ela revela-se como a visão da verdade ou como a faculdade do sujeito individual de perceber a eterna ordem das coisas e, consequentemente, a linha de ação que deve ser seguida na ordem temporal.

Assim, o termo razão objetiva, por um lado, denota em sua essência uma estrutura inerente à realidade que, por si mesma, requer um modo específico de comportamento em cada caso específico, seja uma atitude prática ou teórica. Essa estrutura é acessível àquele que assume para si o esforço do pensamento dialético ou, de modo idêntico, àquele que é capaz do eros. Por outro lado, o termo razão objetiva pode também designar

Eclipse da razão

o próprio esforço e habilidade de refletir tal ordem objetiva. Todo mundo é familiar com situações que, pela sua natureza mesma e à parte dos interesses do sujeito, requerem uma linha definida de ação – por exemplo, uma criança ou um animal prestes a se afogar, uma população faminta ou uma doença individual. Cada uma dessas situações fala, por assim dizer, uma linguagem própria. No entanto, uma vez que são apenas segmentos da realidade, cada uma pode ser negligenciada porque há estruturas mais abrangentes demandando outras linhas de ação igualmente independentes de desejos e interesses pessoais.

Os sistemas filosóficos da razão objetiva implicavam a convicção de que uma estrutura abrangente ou fundamental do ser poderia ser descoberta e uma concepção de destino humano que dela derivava. Eles entendiam a ciência, quando digna desse nome, como uma implementação de tal reflexão ou especulação. Eles opunham-se a qualquer epistemologia que reduzisse a base objetiva do nosso conhecimento ao caos dos dados não coordenados e que identificasse nosso trabalho científico à mera organização, classificação ou cômputo de tais dados. Essas últimas atividades, nas quais a razão subjetiva tende a ver a principal função da ciência, são, da ótica dos sistemas clássicos da razão objetiva, subordinadas à especulação. A razão objetiva aspira a substituir a religião tradicional pela visão e pensamento filosófico metódico e, assim, tornar-se por si mesma uma fonte de tradição. Seu ataque à mitologia é talvez mais sério que o da razão subjetiva, que, abstrata e formalista como ela própria se concebe, está inclinada a abandonar a luta contra a religião estabelecendo dois registros diferentes, um para a ciência e a filosofia e outro para a mitologia institucionalizada, reconhecendo, assim, ambas. Para a filosofia da razão objetiva

Meios e fins

não há essa saída. Uma vez que ela defende o conceito de verdade objetiva, deve tomar uma posição, negativa ou positiva, em relação ao conteúdo da religião estabelecida. A crítica das crenças sociais em nome da razão objetiva é, portanto, muito mais portentosa – embora seja, às vezes, menos direta e agressiva – que aquela apresentada em nome da razão subjetiva.

Nos tempos modernos, a razão tem demonstrado uma tendência a dissolver seu próprio conteúdo objetivo. É verdade que, na França do século XVI, o conceito de uma vida dominada pela razão como agência última foi novamente proposto. Montaigne adaptou-o à vida individual, Bodin à vida das nações e De l'Hôpital colocou-o em prática na política. A despeito de certas declarações céticas da parte deles, seus trabalhos promoveram a abdicação da religião em favor da razão como a autoridade intelectual suprema. Naquele momento, no entanto, a razão adquiriu uma nova conotação, que encontrou sua mais alta expressão na literatura francesa e, até certo grau, é ainda preservado em seu uso popular moderno. Ela passou a significar uma atitude conciliatória. Divergências sobre religião que, com o declínio da igreja medieval, haviam tornado-se o terreno favorito de enfrentamento de tendência políticas opostas já não eram mais levadas a sério, e nenhum credo ou ideologia era mais considerado digno de ser defendido até a morte. Esse conceito de razão era, sem dúvida, mais humano, porém também mais fraco, que o conceito religioso de verdade, mais flexível aos interesses dominantes, mais adaptável à realidade como ela é e, portanto, desde o princípio corria o risco de render-se ao "irracional".

Razão denotaria então o ponto de vista dos eruditos, estadistas e humanistas, que consideravam os conflitos sobre

Eclipse da razão

doutrina religiosa em si mesmos mais ou menos sem sentido e os menosprezavam como slogans ou dispositivos de propaganda de diferentes facções políticas. Para os humanistas, não havia incongruência no fato de um povo viver sob um mesmo governo, dentro de fronteiras definidas, e ainda assim professar diferentes religiões. Tal governo tinha propósitos puramente seculares. Não se pretendia, como pensou Lutero, disciplinar e castigar a besta humana, mas criar condições favoráveis para o comércio e a indústria, consolidar a lei e a ordem e assegurar aos seus cidadãos paz dentro e proteção fora do país. Em relação ao indivíduo, a razão desempenhava agora o mesmo papel que aquele desempenhado na política pelo Estado soberano, que se preocupava com o bem estar das pessoas e se opunha ao fanatismo e à guerra civil.

O divórcio entre razão e religião marcou mais uma etapa do enfraquecimento do aspecto objetivo da primeira e um grau mais elevado de formalização, como tornou-se manifesto posteriormente durante o período do Iluminismo. Porém, no século XVII, o aspecto objetivo da razão ainda predominava, porque o principal esforço da filosofia racionalista foi o de formular uma doutrina do homem e da natureza que pudesse cumprir, pelo menos para o setor privilegiado da sociedade, a função intelectual que cumprira anteriormente a religião. Desde o tempo da Renascença, os homens tentavam excogitar uma doutrina tão abrangente como a teologia, mas inteiramente em seus próprios termos, em vez de aceitarem que seus objetivos e valores últimos viessem de uma autoridade espiritual. A filosofia orgulhava-se de ser o instrumento que derivava, explicava e revelava o conteúdo da razão como reflexo da verdadeira natureza das coisas e do padrão correto de viver. Spinoza, por

Meios e fins

exemplo, pensava que o conhecimento da essência da realidade, da estrutura harmônica do universo eterno, desperta necessariamente o amor por esse universo. Para ele, a conduta ética é inteiramente determinada por tal conhecimento da natureza, da mesma forma como nossa devoção a uma pessoa pode ser determinada pelo conhecimento de sua grandiosidade e genialidade. Os medos e as paixões mesquinhas, estranhos ao grande amor do universo, que é em si *logos*, desaparecerão, de acordo com Spinoza, tão logo nosso entendimento da realidade seja profundo o suficiente.

Os outros grandes sistemas racionalistas do passado também enfatizavam que a razão reconhecer-se-á na natureza das coisas e que a atitude humana correta provém de tal conhecimento. Essa atitude não é necessariamente a mesma para todos os indivíduos, porque a situação de cada um é única. Há diferenças geográficas e históricas, bem como de idade, sexo, habilidade, *status* social etc. No entanto, tal conhecimento é universal na medida em que sua conexão lógica com a atitude é teoricamente autoevidente para qualquer sujeito concebível dotado de inteligência. Para a filosofia da razão, o conhecimento da situação de um povo escravizado, por exemplo, poderia induzir um jovem a lutar por sua libertação, mas permitiria que seu pai permanecesse em casa e cultivasse a terra. Apesar dessas diferenças em suas consequências, a natureza lógica desse conhecimento é considerada inteligível para todas as pessoas em geral.

Embora esses sistemas filosóficos racionalistas não demandassem lealdade tão ampla como a religião, eles eram estimados como esforços para registrar o sentido e as exigências da realidade e apresentar verdades válidas para todos. Seus autores pensavam que o *lumen naturale*, a visão natural ou a luz da razão,

Eclipse da razão

era também suficiente para penetrar na criação tão profundamente que nos forneceria uma chave para a harmonização da vida humana com a natureza, seja no mundo exterior, seja dentro do próprio ser do homem. Eles mantiveram Deus, mas não a graça; pensavam que, para todos os propósitos do conhecimento teórico e da decisão prática, o homem não precisava do *lumen supranaturale*. Suas reproduções especulativas do universo, não suas epistemologias sensualistas – Giordano Bruno e não Telesio, Spinoza e não Locke –, bateram de frente com a religião tradicional, porque as aspirações intelectuais dos metafísicos estavam muito mais preocupadas com as doutrinas de Deus, da criação e com o sentido da vida do que estavam as teorias dos empiristas.

Nos sistemas filosóficos e políticos do racionalismo a ética cristã foi secularizada. Os objetivos buscados na atividade individual e social derivavam da pressuposição da existência de certas ideias inatas ou de intuições autoevidentes e, assim, estavam vinculados ao conceito de verdade objetiva, embora essa verdade não fosse mais encarada como garantida por qualquer dogma extrínseco às exigências do próprio pensamento. Nem a igreja nem os sistemas filosóficos em ascensão separavam sabedoria, ética, religião e política. Mas a unidade fundamental de todas as crenças humanas, enraizada em uma ontologia cristã comum, foi gradualmente rompida, e as tendências relativistas, que eram explícitas nos pioneiros da ideologia burguesa como Montaigne, mas que foram depois temporariamente relegadas a um segundo plano pelas metafísicas racionalistas, afirmaram-se como vitoriosas em todas as atividades culturais.

Por certo, como sugerido anteriormente, quando a filosofia começou a suplantar a religião, não pretendia abolir a verdade

Meios e fins

objetiva, mas apenas dar a ela um novo fundamento racional. A discórdia em relação à natureza do absoluto não foi o principal terreno em que os metafísicos foram perseguidos e torturados. A questão real era se a revelação ou a razão, se a teologia ou a filosofia, deveria ser a agência a determinar e expressar a verdade última. Da mesma forma como a igreja defendia a capacidade, o direito e o dever da religião de ensinar às pessoas como o mundo foi criado, qual o seu propósito e como elas deveriam comportar-se, também a filosofia defendia a capacidade, o direito e o dever da mente de descobrir a natureza das coisas e de derivar desse conhecimento os modos corretos de ação. O catolicismo e a filosofia racionalista europeia estavam em total acordo em relação à existência de uma realidade sobre a qual um tal conhecimento seria possível; de fato, a pressuposição dessa realidade era o terreno comum no qual seus conflitos ocorriam.

As duas forças intelectuais que estavam em desacordo com essa pressuposição específica eram o calvinismo, por meio de sua doutrina do *Deus absconditus*, e o empirismo, por meio de sua noção, primeiro implícita e depois explícita, de que a metafísica preocupa-se exclusivamente com pseudoproblemas. Mas a Igreja Católica opôs-se à filosofia justamente porque os novos sistemas metafísicos afirmavam a possibilidade de um conhecimento que deveria, ele próprio, determinar as decisões morais e religiosas do homem.

Por fim, a ativa controvérsia entre religião e filosofia acabou em um impasse porque ambas foram consideradas setores separados da cultura. As pessoas pouco a pouco reconciliaram-se com a ideia de que cada um vive a própria vida dentro dos muros do seu compartimento cultural, tolerando o outro. A neutralização da religião, agora reduzida ao *status* de um bem cultural entre

Eclipse da razão

outros, contradizia sua pretensão "total" de incorporar a verdade objetiva, além de emasculá-la. Embora a religião permanecesse respeitada na superfície, sua neutralização abriu caminho para sua eliminação como o meio da objetividade espiritual e, em última instância, para a abolição do conceito de uma tal objetividade, ele mesmo moldado segundo a ideia do absoluto da revelação religiosa.

Na realidade, os conteúdos tanto da filosofia quanto da religião foram profundamente afetados por essa resolução aparentemente pacífica do seu conflito original. Os filósofos do Iluminismo atacaram a religião em nome da razão; no fim, eles mataram não a igreja, mas a metafísica e o próprio conceito objetivo de razão, a fonte de poder dos seus esforços. A razão como um órgão de percepção da verdadeira natureza da realidade e de determinação dos princípios orientadores de nossas vidas passou a ser encarada como obsoleta. Especulação é sinônimo de metafísica, e metafísica sinônimo de mitologia e superstição. Podemos dizer que a história da razão ou do esclarecimento desde suas origens na Grécia até o presente levou a um estado de coisas no qual até a palavra razão é suspeita de conotar alguma entidade mitológica. A razão liquidou-se como agência de conhecimento ético, moral e religioso. O bispo Berkeley, filho legítimo do nominalismo, protestante fervoroso e iluminista positivista, tudo a um só tempo, dirigiu um ataque contra tais conceitos gerais, incluindo o conceito de conceito geral, duzentos anos atrás. De fato, a campanha foi vitoriosa do começo ao fim. Berkeley, em parcial contradição com sua própria teoria, manteve alguns poucos conceitos gerais, como os de mente, espírito e causa. Mas eles foram eficientemente eliminados por Hume, o pai do moderno positivismo.

Meios e fins

Aparentemente, a religião beneficiou-se desse desenvolvimento. A formalização da razão protegeu-a de qualquer ataque mais sério por parte da metafísica ou da teoria filosófica, e essa segurança parece ter feito dela um instrumento social extremamente prático. Ao mesmo tempo, no entanto, sua neutralidade significa a dissipação de seu real espírito, de sua relação com a verdade, que outrora se acreditava ser a mesma na ciência, na arte e na política e para toda a humanidade. A morte da razão especulativa, primeiro servil à religião e depois sua inimiga, prova-se catastrófica para a própria religião.

Todas essas consequências estavam contidas em germe na ideia burguesa de tolerância, que é ambivalente. Por um lado, tolerância significa liberdade em relação ao domínio da autoridade dogmática; por outro, ela promove uma atitude de neutralidade diante de todo conteúdo espiritual, que, assim, se rende ao relativismo. Cada domínio cultural preserva sua "soberania" em relação à verdade universal. O modelo de divisão social do trabalho é automaticamente transferido para a vida do espírito, e essa divisão do reino da cultura é um corolário da substituição da verdade universal objetiva pela razão formalizada, inerentemente relativista.

As implicações políticas da metafísica racionalista vieram à tona no século XVIII, quando, com as revoluções americana e francesa, o conceito de nação tornou-se um princípio orientador. Na história moderna, esse conceito tendeu a deslocar a religião como o motivo supraindividual absoluto na vida humana. A nação extrai sua autoridade da razão e não da revelação, sendo a razão concebida assim como um agregado de conhecimentos fundamentais, inatos ou desenvolvidos pela especulação, e não como uma agência preocupada apenas com os meios para efetivá-los.

O autointeresse, no qual certas teorias do direito natural e filosofias hedonistas tentaram colocar maior ênfase, era tomado apenas como um desses conhecimentos, enraizado na estrutura objetiva do universo e, portanto, formando parte do sistema de categorias como um todo. Na era industrial, a ideia de autointeresse ganhou pouco a pouco a dianteira e, por fim, suprimiu os outros motivos considerados fundamentais para o funcionamento da sociedade; essa atitude foi dominante nas principais escolas de pensamento e, durante o período liberal, na mentalidade pública. Mas o mesmo processo trouxe à superfície as contradições entre a teoria do autointeresse e a ideia de nação. A filosofia foi então confrontada com a alternativa de aceitar as consequências anárquicas dessa teoria ou se tornar presa de um nacionalismo irracional, muito mais maculado pelo romantismo que as teorias das ideias inatas que prevaleceram no período mercantilista.

O imperialismo intelectual do princípio abstrato do autointeresse — o núcleo da ideologia oficial do liberalismo — indicava a crescente cisão entre essa ideologia e as condições sociais dentro das sociedades industrializadas. Uma vez fixada essa clivagem na mentalidade pública, nenhum princípio racional efetivo de coesão social subsiste. A ideia da comunidade nacional (*Volksgemeinschaft*), estabelecida primeiramente como um ídolo, pôde posteriormente ser mantida apenas pelo terror. Isso explica a tendência do liberalismo a inclinar-se para o fascismo e dos representantes intelectuais e políticos do liberalismo a fazer as pazes com seus oponentes. Essa tendência, tão frequentemente demonstrada na história europeia recente, pode ser derivada, para além de suas causas econômicas, da contradição interna entre o princípio subjetivista do autointeresse

Meios e fins

e a ideia de razão que ele pretende expressar. Originalmente, a constituição política foi pensada como uma expressão de princípios concretos fundados na razão objetiva; as ideias de justiça, igualdade, felicidade, democracia, propriedade deveriam corresponder à razão, emanar da razão. Posteriormente, o conteúdo da razão é arbitrariamente reduzido ao escopo de uma mera parte desse conteúdo, à moldura de apenas um de seus princípios; o particular toma o lugar do universal. Esse *tour de force* no reino intelectual lança as bases para o império da força no domínio político.

Abrindo mão de sua autonomia, a razão tornou-se um instrumento. No aspecto formalista da razão subjetiva, acentuado pelo positivismo, enfatiza-se sua falta de relação com o conteúdo objetivo; no seu aspecto instrumental, acentuado pelo pragmatismo, enfatiza-se sua rendição a conteúdos heterônimos. A razão foi completamente mobilizada pelo processo social. Seu valor operacional, seu papel na dominação dos homens e da natureza, tornou-se o único critério. Os conceitos foram reduzidos a sumários das características que vários espécimes têm em comum. Denotando uma similaridade, os conceitos eliminam o incômodo de enumerar qualidades e, assim, melhor se prestam a organizar o material do conhecimento. Eles são pensados como meras abreviações dos itens aos quais se referem. Qualquer uso que transcendesse a sumarização auxiliar, técnica, dos dados factuais foi eliminado como um último resquício de superstição. Os conceitos tornaram-se dispositivos "otimizados", racionalizados, poupadores de trabalho. É como se o próprio pensamento tivesse sido reduzido ao nível dos processos industriais, sujeito a uma programação estrita — em suma, transformado em parte e parcela da produção.

Eclipse da razão

Toynbee[6] descreveu algumas das consequências desse processo para a escrita da história. Ele fala da "tendência do ceramista de tornar-se escravo de sua argila... No mundo da ação, sabemos que é desastroso tratar animais ou seres humanos como se fossem paus e pedras. Por que deveríamos acreditar que esse tratamento seria menos errado no mundo das ideias?".

Quanto mais as ideias tornam-se automáticas, instrumentalizadas, menos se vê nelas pensamentos com um sentido próprio. Elas são consideradas coisas, máquinas. A linguagem foi reduzida a apenas outra ferramenta no gigantesco aparato de produção na sociedade moderna. Qualquer sentença que não seja equivalente a uma operação nesse aparato aparece ao leigo tão carente de sentido quanto o é para os semanticistas contemporâneos, os quais sugerem que a sentença puramente simbólica e operacional, isto é, puramente sem sentido, faz sentido. O sentido é suplantado pela função ou efeito no mundo das coisas e dos eventos. Na medida em que as palavras não são usadas para calcular, de modo óbvio, probabilidades tecnicamente relevantes ou para outros propósitos práticos, entre os quais se inclui o próprio relaxamento, elas correm o risco de serem tomadas como papo furado, já que a verdade não é um fim em si.

Na era do relativismo, quando mesmo as crianças encaram as ideias como propagandas ou racionalizações, o próprio medo de que a linguagem possa ainda abrigar resíduos mitológicos dotou as palavras de um novo caráter mitológico. É verdade que as ideias têm sido radicalmente funcionalizadas e

---

6 Toynbee, *A Study of History*, v.I, p.7.

que a linguagem é considerada uma mera ferramenta, seja para o armazenamento e comunicação dos elementos intelectuais da produção, seja para dirigir as massas. Ao mesmo tempo, a linguagem leva a cabo sua vingança, por assim dizer, retornando ao seu estágio mágico. Como nos tempos da magia, cada palavra é vista como uma força perigosa que pode destruir a sociedade e pela qual aquele que fala deve ser responsabilizado. De modo correspondente, a busca da verdade, sob o controle social, é cerceada. A diferença entre pensar e agir é considerada nula. Assim, cada pensamento é considerado um ato; cada reflexão é uma tese, e cada tese é uma palavra de ordem. Cada um é intimado a dar explicações sobre o que diz e o que não diz. Tudo e todos são classificados e rotulados. A qualidade do humano que não permite identificar o indivíduo a uma classe é "metafísica" e não tem lugar na epistemologia empirista. O escaninho no qual um homem é enfiado circunscreve seu destino. Uma vez que um pensamento ou uma palavra torna-se uma ferramenta, pode-se abrir mão de "pensá-los" verdadeiramente, isto é, percorrer os atos lógicos envolvidos na formulação verbal deles. Como tem sido apontado, correta e frequentemente, a vantagem da matemática – o modelo de todo pensamento neopositivista – reside apenas nessa "economia intelectual". Operações lógicas complicadas são levadas a cabo sem a execução efetiva de todos os atos intelectuais sobre os quais se baseiam os símbolos matemáticos e lógicos. Tal mecanização é, de fato, essencial para a expansão da indústria; mas se ela se torna o traço característico das mentes, se a própria razão é instrumentalizada, ela assume certa materialidade e cegueira, torna-se um fetiche, uma entidade mágica que é aceita em vez de ser experienciada intelectualmente.

Eclipse da razão

Quais são as consequências da formalização da razão? Justiça, igualdade, felicidade, tolerância; todos os conceitos que, como mencionado, supunham-se, nos séculos passados, inerentes à razão ou por ela sancionados, perderam suas raízes intelectuais. Eles são ainda objetivos e fins, mas não há qualquer agência racional autorizada a avaliá-los e a relacioná-los a uma realidade objetiva. Endossados por veneráveis documentos históricos, eles podem ainda gozar de certo prestígio, e alguns estão incluídos nas leis supremas de grandes países. Não obstante, carecem de qualquer confirmação pela razão no seu sentido moderno. Quem pode dizer que qualquer um desses ideais está mais próximo da verdade que seu oposto? De acordo com a filosofia do intelectual médio moderno, há apenas uma autoridade, a saber, a ciência, concebida como a classificação de fatos e o cálculo de probabilidades. A afirmação de que a justiça e a liberdade são em si melhores que a injustiça e a opressão é cientificamente inverificável e inútil. Ela soa tão carente de sentido em si como soaria a afirmação de que o vermelho é mais belo que o azul, ou de que o ovo é melhor que o leite.

Quanto mais emasculado torna-se o conceito de razão, mais facilmente se presta à manipulação ideológica e à propagação das mais gritantes mentiras. O avanço do esclarecimento dissolve a ideia de razão objetiva, dogmatismo e superstição; mas, frequentemente, a reação e o obscurantismo são os que mais lucram desse desenvolvimento. Interesses particulares opostos aos valores humanitários tradicionais apelarão para uma razão neutralizada, impotente, em nome do "senso comum". Essa desvitalização de conceitos básicos é perceptível na história política. Na Convenção Constitucional americana de 1787,

Meios e fins

John Dickinson, da Pensilvânia, contrapôs experiência e razão quando disse: "A experiência deve ser nosso único guia. A razão pode desorientar-nos".[7] Ele desejava recomendar cautela contra um idealismo excessivamente radical. Mais tarde, os conceitos tornaram-se tão vazios de substância que podiam ser usados, de modo sinônimo, para advogar a opressão. Charles O'Connor, um célebre advogado do período anterior à Guerra Civil, indicado certa vez à presidência por uma facção do Partido Democrata, argumentou (após dar a benção à servidão compulsória):

> Eu insisto que a escravidão negra não é injusta; ela é justa, sábia e benéfica [...] Eu insisto que a escravidão negra [...] é ordenada pela natureza [...] Acatando um claro decreto da natureza e o que dita a sã filosofia, devemos declarar essa instituição justa, benigna, legal e apropriada.[8]

Embora O'Connor ainda use as palavras natureza, filosofia e justiça, elas estão completamente formalizadas e não podem resistir ao que ele considera serem os fatos e a experiência. A razão subjetiva conforma-se a qualquer coisa. Ela presta-se ao uso tanto dos adversários quando dos defensores dos valores humanitários tradicionais. Ela fornece a ideologia tanto para o lucro e a reação, como no exemplo de O'Connor, quanto para o progresso e a revolução.

---

7 Cf. Morrison; Commager, *The Growth of the American Republic*, v.I, p.281.

8 O'Connor, *A Speech at the Union Meeting — at the Academy of Music*, reimpresso sob o título *Negro Slavery Not Unjust*, pela New York Herald Tribune.

Eclipse da razão

Outro porta-voz da escravidão, Fitzhugh, autor de *Sociology for the South* [Sociologia para o Sul], parece lembrar-se de que a filosofia outrora já defendera ideias e princípios concretos e, por isso, ataca-a em nome do senso comum. Ele assim expressa, embora de uma forma distorcida, o embate entre os conceitos subjetivo e objetivo de razão.

> Homens de juízo sadio frequentemente dão razões erradas para suas opiniões porque não são abstracionistas... A filosofia derrota-os facilmente em argumentos, ainda que o instinto e o senso comum estejam certos e a filosofia errada. A filosofia está sempre errada e o instinto e o senso comum sempre certos, porque a filosofia é inobservante e raciocina a partir de premissas estreitas e insuficientes.[9]

Temendo os princípios idealistas, o pensamento enquanto tal e os intelectuais e utópicos, o escritor orgulha-se do seu senso comum, que nada vê de errado na escravidão.

Os ideais e conceitos básicos da metafísica racionalista estavam enraizados no conceito do universalmente humano, do gênero humano, e sua formalização implica que eles foram secionados de seus conteúdos humanos. A forma como essa desumanização do pensar afeta os próprios fundamentos da nossa civilização pode ser ilustrada pela análise do princípio da maioria, que é inseparável do princípio da democracia. Aos olhos do homem comum, o princípio da maioria é, frequentemente, não apenas um substituto da razão objetiva, mas seu aprimoramento: uma vez que os homens são, no fim das

---

9 Fitzhugh, *Sociology for the South or the Failure of Free Society*, p.118-9.

Meios e fins

contas, os melhores juízes de seus interesses, as resoluções de uma maioria, assim se pensa, são decerto tão valiosas para uma comunidade quanto as intuições de uma assim chamada razão superior. No entanto, a contradição entre intuição e princípio democrático, concebida nesses termos toscos, é apenas imaginária. Pois o que significa dizer que "um homem sabe dos seus interesses melhor que ninguém"? Como ele adquire esse conhecimento? O que garante que esse conhecimento é correto? Na proposição "um homem sabe [...] melhor que ninguém", há uma referência implícita a uma agência que não é totalmente arbitrária e que é inerente a certo tipo de razão subjacente não apenas aos meios, mas também aos fins. Se essa agência acabasse por revelar-se outra vez apenas a maioria, o argumento como um todo constituiria uma tautologia.

A grande tradição filosófica que contribuiu para a fundação da democracia moderna não padeceu dessa tautologia, pois baseava os princípios de governo em pressupostos mais ou menos especulativos – por exemplo, no pressuposto de que a mesma substância espiritual ou consciência moral está presente em cada ser humano. Em outras palavras, o respeito pela maioria estava baseado em uma convicção que não dependia, ela própria, das resoluções da maioria. Locke, a respeito dos direitos humanos, ainda falava da razão natural em concordância com a revelação.[10] Sua teoria de governo refere-se às afirmações de ambas: da razão e da revelação. Elas deviam ensinar que os homens são "por natureza todos livres, iguais e independentes".[11]

---

10 *Locke on Civil Government*, Segundo Tratado, cap.V, Everyman's Library, p.129.

11 Ibid., cap.VIII, p.164.

Eclipse da razão

A teoria do conhecimento de Locke é um exemplo daquela traiçoeira lucidez de estilo que une opostos por meio do simples borrão das nuances. Ele não se preocupou em diferenciar muito claramente a experiência sensitiva da racional, a atomística da estrutural, nem indicou se o estado de natureza de onde ele derivava a lei natural era inferido por processos lógicos ou intuitivamente percebido. No entanto, parece suficientemente claro que a liberdade "por natureza" não é idêntica à liberdade de fato. Sua doutrina política está baseada no conhecimento racional e em deduções, não em pesquisa empírica.

O mesmo pode ser dito do discípulo de Locke, Rousseau. Quando este declarou que a renúncia da liberdade é contrária à natureza do homem, porque assim "as ações do homem seriam destituídas de toda moralidade e sua vontade seria destituída de toda liberdade",[12] ele sabia muito bem que a renúncia da liberdade não era contrária à natureza empírica do homem; ele mesmo criticava amargamente indivíduos, grupos e nações por renunciarem a suas liberdades. Ele referia-se à substância espiritual do homem e não a uma atitude psicológica. Sua doutrina do contrato social é derivada de uma doutrina filosófica do homem, de acordo com a qual o princípio da maioria, não o do poder, corresponde à natureza humana, tal como descrita no pensamento especulativo. Na história da filosofia social, mesmo o termo "senso comum" é inseparável da ideia de verdade autoevidente. Foi Thomas Reid que, doze anos antes do famoso panfleto de Paine e da Declaração de Independência, identificou os princípios do senso comum com verdades autoe-

---

12 Rousseau, *Contrat social*, v.I, p.4.

Meios e fins

videntes e, assim, reconciliou o empirismo com a metafísica racionalista.

Destituído de seu fundamento racional, o princípio democrático torna-se exclusivamente dependente dos assim chamados interesses do povo, e estes são funções de forças econômicas cegas ou demasiadamente conscientes. Eles não oferecem qualquer garantia contra a tirania.[13] No período do sistema de livre mercado, por exemplo, instituições baseadas na ideia de direitos humanos eram aceitas por muitas pessoas como um bom instrumento para controlar o governo e manter a paz. Mas se a situação altera-se, se poderosos grupos econômicos decidem ser útil estabelecer uma ditadura e abolir a regra da maioria, nenhuma objeção fundada na razão pode opor-se à ação deles. Se eles têm uma chance real de sucesso, seriam simplesmente tolos de não aproveitá-la. A única consideração que poderia impedi-los de assim o fazer seria a possibilidade de que seus interesses fossem postos em perigo, e não uma preocupação sobre a violação de uma verdade, da razão. Uma vez colapsados os fundamentos filosóficos da democracia, a afirmação de que a ditadura é má é racionalmente válida apenas

---

13 A ansiedade do editor de Tocqueville, ao falar dos aspectos negativos do princípio da maioria, era supérflua (cf. *Democracy in America*, v.I, p.334-5). O editor afirma que "é apenas uma figura de linguagem dizer que a maioria das pessoas faz as leis" e, entre outras coisas, lembra-nos de que estas são feitas, na verdade, pelos seus delegados. Ele poderia ter acrescentado que se Tocqueville falou da tirania da maioria, Jefferson, em uma carta citada por Tocqueville, falou da "tirania dos legisladores" (*The Writings of Thomas Jefferson*, v.VII, p.312). Jefferson era tão desconfiado de qualquer órgão de governo em uma democracia, "legislativo ou executivo", que se opunha à manutenção de um exército permanente. Cf. ibid., p.323.

Eclipse da razão

para aqueles que não são seus beneficiários e não há qualquer obstáculo teórico para a transformação dessa afirmação no seu oposto.

Os homens que fizeram a Constituição dos Estados Unidos consideravam "a *lex majoris partis* a lei fundamental de qualquer sociedade",[14] mas estavam longe de substituir os veredictos da razão pelos da maioria. Quando incorporaram um engenhoso sistema de freios e contrapesos na estrutura do governo, eles defenderam, como coloca Noah Webster, que "o Congresso é investido de extensos poderes, mas, presume-se, não excessivamente extensos".[15] Ele chamou o princípio da maioria de "doutrina tão universalmente aceita como qualquer verdade intuitiva"[16] e viu nele uma entre outras ideias naturais com similar dignidade. Para esses homens, não havia princípio que não derivasse sua autoridade de uma fonte metafísica ou religiosa. Dickinson considerava o governo e seu mandato como "fundados na natureza do homem, isto é, na vontade do seu Criador e [...] por isso sagrados. É, assim, uma ofensa contra o Céu violar aquele mandato".[17]

O princípio da maioria certamente não era em si considerado uma garantia de justiça. "A maioria", diz John Adams,[18] "tem sempre, e sem qualquer exceção, usurpado os direitos da minoria". Acreditava-se que esses direitos e todos os outros

---

14 Ibid., p.324.

15 An Examination into the Leading Principles of the Federal Constitution..., in *Pamphlets on the Constitution of the United States*, p.45.

16 Ibid., p.30.

17 Ibid., Letters of Fabius, p.181.

18 Beard, *Economic Origin of Jeffersonian Democracy*, p.305.

Meios e fins

princípios fundamentais fossem verdades intuitivas. Eles foram extraídos, direta ou indiretamente, de uma tradição filosófica que naquele momento ainda estava viva. Eles podem, através da história do pensamento ocidental, ser remontados às suas raízes religiosas e mitológicas, e é dessas origens que eles preservaram seu "caráter hediondo" mencionado por Dickinson.

Para a razão subjetiva essa herança é inútil. Ela toma a verdade por hábito e, desse modo, despe-a de sua autoridade espiritual. Hoje, a ideia de maioria, destituída de seus fundamentos racionais, assumiu um aspecto completamente irracional. Toda ideia filosófica, ética e política — cortados os laços que a relacionavam com suas origens históricas — tem uma tendência a tornar-se o núcleo de uma nova mitologia, e essa é uma das razões pelas quais o avanço do esclarecimento tende, em certos pontos, a inverter-se em superstição e paranoia. O princípio da maioria, na forma de vereditos populares sobre todo e qualquer tema, implementado por todos os tipos de sondagens e modernas técnicas de comunicação, tornou-se a força soberana à qual o pensamento deve servir. É um novo deus, não no sentido em que os arautos das grandes revoluções o concebiam, a saber, como um poder de resistência à injustiça existente, mas como um poder de resistência a tudo que não se conforma. Quanto mais o julgamento das pessoas é manipulado por todos os tipos de interesses, mais a maioria é apresentada como a árbitra na vida cultural. Ela deve justificar os substitutos da cultura em todos os seus ramos, até os produtos da arte e da literatura populares que iludem as massas. Quanto mais a propaganda científica faz da opinião pública uma mera ferramenta de forças obscuras, mais a opinião pública aparece como uma substituta da razão. Esse triunfo ilusório do pro-

Eclipse da razão

gresso democrático consome a substância intelectual da qual a democracia tem vivido.

Não apenas os conceitos orientadores da moral e da política, como os de liberdade, igualdade ou justiça, mas todos os objetivos e fins específicos em todos os domínios da vida são afetados por essa dissociação entre as aspirações e potencialidades humanas e a ideia de verdade objetiva. De acordo com os padrões correntes, bons artistas não servem melhor à verdade que bons carcereiros ou banqueiros ou empregadas domésticas. Se tentássemos argumentar que a vocação de um artista é mais nobre, alguém nos responderia que a disputa é carente de sentido – que, enquanto a eficiência de duas empregadas domésticas pode ser comparada tendo por base o asseio, a honestidade, a habilidade etc., relativos a cada uma delas, não haveria como comparar uma empregada doméstica a um artista. No entanto, uma análise minuciosa mostraria que na sociedade moderna há uma medida implícita tanto para a arte quanto para trabalhos não qualificados, a saber, o tempo, já que o bom, no sentido de uma eficiência específica, é uma função do tempo.

Pode parecer sem sentido considerar um modo de vida particular, uma religião, uma filosofia, melhor ou mais elevado ou mais verdadeiro que outro. Uma vez que os fins não são mais determinados à luz da razão, é também impossível dizer que um sistema econômico ou político, não importa quão cruel ou despótico, seja menos razoável que outro. De acordo com a razão formalizada, o despotismo, a crueldade, a opressão não são ruins em si; nenhuma agência racional endossaria um veredito contra uma ditadura se seus apoiadores pudessem lucrar com ela. Expressões como "a dignidade do homem" ou implicam um avanço dialético no qual a ideia de direito divino

Meios e fins

é preservada e transcendida, ou tornam-se slogans batidos que se revelam vazios tão logo alguém pergunte por seu sentido específico. A vida delas depende, por assim dizer, de memórias inconscientes. Se um grupo de pessoas esclarecidas estivesse disposto a lutar contra o maior mal imaginável, a razão subjetiva tornaria quase impossível simplesmente indicar a natureza do mal e a natureza da humanidade, o que faz a luta imperativa. Muitos perguntariam de imediato quais seriam as reais motivações. Seria preciso afirmar que as razões são realistas, isto é, que elas correspondem a interesses pessoais, muito embora, para a massa do povo, os últimos sejam mais difíceis de ser compreendidos que o apelo silencioso da própria situação.

O fato de que o homem comum ainda pareça estar vinculado a antigos ideais poderia ser invocado para contradizer essa análise. Formulada em termos gerais, a objeção seria a de que há uma força que se sobrepõe aos efeitos destrutivos da razão formalizada, a saber, uma conformidade a valores e comportamentos em geral aceitos. Afinal, há um grande número de ideias que nos foi ensinado a estimar e respeitar desde nossa tenra infância. Uma vez que essas ideias e todas as visões teóricas a elas relacionadas são justificadas não apenas pela razão, mas também por um consenso quase universal, aparentemente elas não poderiam ser afetadas pela transformação da razão em mero instrumento. Elas retiram sua força de nossa reverência à comunidade em que vivemos, de homens que deram suas vidas por elas, do respeito que devemos aos fundadores das poucas nações esclarecidas de nossa época. Essa objeção, na verdade, expressa a fragilidade da justificação de um conteúdo supostamente objetivo a partir de sua reputação passada

Eclipse da razão

e presente. Se a tradição, tão frequentemente denunciada na história científica e política moderna, é agora invocada como medida de qualquer verdade ética ou religiosa, essa verdade já está danificada e sofre, de modo não menos agudo que o princípio que deveria justificá-la, de falta de autenticidade. Nos séculos em que a tradição ainda podia desempenhar o papel de evidência, a crença nela era, ela própria, derivada da crença em uma verdade objetiva. Hoje, a referência à tradição parece ter preservado daqueles velhos tempos apenas uma função: indica que o consenso por trás do princípio que ela busca reafirmar é econômica e politicamente poderoso. Aquele que o ofende está advertido.

No século XVIII, a convicção de que o homem fosse dotado de certos direitos não era uma repetição de crenças mantidas pela comunidade, nem a repetição de crenças transmitidas pelos antepassados. Era uma reflexão sobre a situação dos homens que proclamava esses direitos; ela expressava uma crítica das condições que clamava imperativamente por mudança, e essa demanda era traduzida no pensamento filosófico e na ação histórica e por eles compreendida. Os desbravadores do pensamento moderno não derivavam o bem a partir da lei – eles até a violavam –, mas tentaram reconciliar a lei com o bem. O papel deles na história não foi o de adaptar suas palavras e ações ao texto dos antigos documentos ou às doutrinas em geral aceitas: eles próprios criaram os documentos e promoveram a aceitação de suas doutrinas. Hoje, aqueles que estimam essas doutrinas e que estão destituídos de uma filosofia adequada podem encará-las ou como expressões de desejos meramente subjetivos ou como um padrão estabelecido cuja autoridade deriva do número de pessoas que nele acredita e do tempo de duração de sua existência. O próprio fato de que a tradição deva hoje ser invocada mostra que ela perdeu seu apelo para as pessoas. Não se deve estranhar que nações inteiras – e a Alemanha não é aqui a única – parecem ter acordado certa manhã apenas para descobrir que seus ideais mais estimados eram meras bolhas.

É verdade que, embora o progresso da razão subjetiva tenha destruído a base teórica das ideias mitológicas, religiosas e racionalistas, a sociedade civilizada tem até agora vivido dos resíduos dessas ideias. Mas elas tendem a tornar-se, mais do que nunca, um mero resíduo e, assim, perdem gradualmente seu poder de convencimento. Quando as grandes concepções religiosas e filosóficas estavam vivas, as pessoas pensantes não exaltavam a humildade e o amor fraternal, a justiça e a humanidade, porque era realista manter tais princípios e estranho e perigoso desviar-se deles ou porque essas máximas estavam, mais que outras, em harmonia com seus gostos supostamente livres. Elas defendiam essas ideias porque viam nelas elementos de verdade, porque as relacionavam com a ideia de *logos*, seja na forma de Deus ou da mente transcendental seja mesmo na forma da natureza como um princípio eterno. Não apenas as finalidades mais elevadas eram pensadas como tendo um sentido objetivo, uma significância inerente, como mesmo as mais humildes atividades e caprichos dependiam de uma crença na sua desejabilidade geral, no valor inerente de seus objetos.

As origens mitológicas, objetivas, que estão sendo destruídas pela razão subjetiva, não se referem apenas aos grandes conceitos universais, mas estão também por trás de comportamentos e ações aparentemente pessoais, inteiramente psicológicos. Elas todas – incluindo as próprias emoções – estão evaporando na medida em que estão sendo esvaziadas de seu

Eclipse da razão

conteúdo objetivo, dessa relação com a verdade supostamente objetiva. Da mesma forma que as brincadeiras infantis e os caprichos adultos se originam da mitologia, toda alegria esteve outrora relacionada à crença em uma verdade última.

Thorstein Veblen revelou os motivos medievais distorcidos na arquitetura do século XIX.[19] Ele identificou na nostalgia pela pompa e pelo ornamento um resíduo de atitudes feudais. No entanto, a análise do assim chamado dispêndio honorífico leva à descoberta não apenas de certos aspectos da bárbara opressão que sobrevive na vida social e na psicologia individual modernas, mas também de traços ainda operantes, embora há tempos esquecidos, de veneração, medo e superstição. Eles expressam-se nas preferências e antipatias mais "naturais" e são tomados como óbvios na civilização. Por causa da aparente ausência de motivo racional, eles são racionalizados de acordo com a razão subjetiva. O fato de que, em qualquer cultura moderna, o "alto" vem antes do "baixo", a limpeza é atrativa e a sujeira repugnante, certos cheiros são experienciados como bons e outros causam repulsa, certos tipos de comida são estimados e outros abominados, se deve a antigos tabus, mitos e devoções e ao destino deles na história, mais do que a razões pragmáticas ou de higiene, como estariam tentados a propagar indivíduos esclarecidos ou religiões liberais.

Essas antigas formas de vida latentes sob a superfície da civilização moderna ainda fornecem, em muitos casos, o calor inerente a todo prazer, a todo amor por uma coisa importante por si mesma, não por outra coisa. O prazer de cuidar de um jardim remonta a épocas antigas, quando os jardins pertenciam

---

19 Cf. Adorno, Veblen's Attack on Culture, p.392-3.

aos deuses e eram para eles cultivados. O senso de beleza tanto na natureza quanto na arte está vinculado, por milhares de delicados fios, a essas antigas superstições.[20] Se, ignorando ou ostentando esses fios, o homem moderno os rompe, o prazer pode continuar por um tempo, mas sua vida interior é extinta.

Não podemos atribuir nosso prazer diante de uma flor ou no ambiente de uma sala a um instinto estético autônomo. A reação estética do homem relaciona-se, na sua pré-história, a várias formas de idolatria; sua crença na bondade ou na sacralidade de algo precede seu prazer diante de sua beleza. Isso também é válido para conceitos como os de liberdade e humanidade. O que tem sido dito sobre a dignidade do homem é, por certo, aplicável aos conceitos de justiça e igualdade. Tais ideias devem preservar o elemento negativo, a negação do antigo estágio de injustiça ou iniquidade, e, ao mesmo tempo, conservar a significância absoluta original, enraizada em suas terríveis origens. De outra forma, elas tornam-se não apenas indiferentes, mas falsas.

Todas essas estimadas ideias, todas as forças que, ao lado da força física e do interesse material, mantêm a sociedade unida ainda existem, mas foram solapadas pela formalização da razão. Esse processo, como vimos, está vinculado à convicção de que

---

20 Mesmo a predileção pela limpeza, um gosto moderno *par excellence,* parece enraizada na crença na magia. James Frazer (*The Golden Bough,* v.I, parte I, p.175) cita um relato sobre os nativos de New Britain, que conclui que "a limpeza que é comum nas casas e que consiste em varrer o chão cuidadosamente todos os dias não está, de modo algum, baseada em um desejo por limpeza e asseio em si mesmo, mas tão somente no esforço de retirar do caminho qualquer coisa que possa servir como feitiço àquele que lhe deseja o mal".

Eclipse da razão

nossos objetivos, quaisquer que sejam, dependem de gostos e desgostos que são em si carentes de sentido. Assumamos que essa convicção realmente penetre a vida cotidiana em seus detalhes — e ela já a penetrou de modo mais profundo do que a maioria de nós reconhece. Cada vez menos algo é feito como um fim em si. Uma caminhada que leve um homem para fora da cidade, à margem de um rio ou ao cume de uma montanha, seria considerada irracional e idiota, se julgada por padrões utilitaristas; ele dedica-se a um passatempo tolo ou destrutivo. Na visão da razão formalizada, uma atividade é razoável apenas quando serve a outro propósito, por exemplo, a saúde ou o relaxamento, que ajudam a recarregar as energias para o trabalho. Em outras palavras, a atividade é uma mera ferramenta, pois ela deriva seu sentido apenas do seu vínculo com outros fins.

Não podemos afirmar que o prazer que um homem sente ao ver, digamos, uma paisagem duraria muito se ele estivesse convencido *a priori* de que as formas e cores que vê são apenas formas e cores, que todas as estruturas nas quais elas cumprem um papel são puramente subjetivas e não guardam relação com qualquer ordem ou totalidade dotada de sentido, que elas expressam simples e necessariamente nada. Se tais prazeres tornaram-se habituais, ele pode continuar desfrutando-os pelo resto de sua vida ou pode nunca perceber a falta de sentido das coisas que ele adora. Nossos gostos são formados na tenra infância; o que aprendemos depois nos influencia menos. As crianças podem imitar o pai que era fanático por longas caminhada, mas se a formalização da razão progrediu o suficiente, elas considerarão que cumpriram seu dever em relação a seus corpos se passaram por uma bateria de exercícios sob o comando de uma voz no rádio. Caminhadas, entre paisagens, já não são

Meios e fins

mais necessárias; e, assim, o próprio conceito de paisagem, como algo experienciado pelo andarilho, torna-se sem sentido e arbitrário. A paisagem deteriora-se completamente em paisagismo.

Os simbolistas franceses tinham um termo especial para expressar seu amor pelas coisas que perderam sua significância objetiva: *"spleen"*. A arbitrariedade consciente e desafiadora na escolha dos objetos, sua "absurdidade", "perversidade", revela, como que por um gesto silencioso, a irracionalidade da lógica utilitária, que é jogada na cara a fim de demonstrar sua inadequação em relação à experiência humana. E, ao tornar consciente, por meio desse choque, o fato de que ela esquece o sujeito, o gesto expressa ao mesmo tempo a dor do sujeito diante de sua incapacidade de alcançar uma ordem objetiva.

A sociedade do século XX não se inquieta com essas inconsistências. Para ela, o sentido pode ser alcançado apenas de uma forma – servindo a um propósito. Gostos e desgostos que na cultura de massas tornaram-se carentes de sentido ou são relegados à rubrica da diversão, do lazer, dos contatos sociais etc. ou são abandonados à extinção paulatina. O *spleen*, o protesto do não conformismo, do individual, foi ele mesmo regimentado: a obsessão do *dandy* vira o *hobby* de Babbitt. A ideia de *hobby*, de "passatempo" ou de "diversão" não expressa qualquer pesar pelo desaparecimento da razão objetiva e pelo esvaziamento de qualquer "sentido" inerente à realidade. A pessoa que adota um *hobby* nem tem a pretensão de acreditar que ele tenha qualquer relação com a verdade última. Quando perguntado em um questionário sobre seu *hobby*, você responde golfe, livros, fotografia ou o que quer que seja, de forma tão impensada quanto na resposta sobre seu peso. Como predi-

Eclipse da razão

leções reconhecidas, racionalizadas, consideradas necessárias para manter as pessoas de bom humor, os *hobbies* tornaram-se uma instituição. Mesmo o bom humor estereotipado, que nada mais é que a precondição psicológica da eficiência, pode desvanecer, junto com todas as outras emoções, uma vez perdida a última lembrança de que ele outrora esteve relacionado à ideia de divindade. Aqueles que "não perdem o sorriso" começam a aparecer tristes e talvez até mesmo desesperados.

O que foi dito em relação aos pequenos prazeres é verdadeiro também para as aspirações mais elevadas de alcançar o bem e o belo. Uma rápida apreensão dos fatos substitui a penetração intelectual dos fenômenos da experiência. A criança que conhece o Papai Noel como o empregado de uma loja de departamentos e apreende a relação entre as vendas e o Natal pode tomar por óbvio que exista uma interação entre religião e negócios como um todo. Emerson, em sua época, observou isso com considerável amargura: "As instituições religiosas [...] já adquiriram um valor de mercado como conservadoras da propriedade; se os padres e os membros da igreja não fossem capazes de mantê-las, as câmaras de comércio e os presidentes de bancos, os próprios donos de hotéis e os proprietários de terras do país ardorosamente se uniriam em seu apoio".[21] Hoje, tais interconexões, tanto quanto a heterogeneidade entre verdade e religião, são tidas como óbvias. A criança aprende desde cedo a jogar; ela deve continuar a atuar como uma criança inocente, ao mesmo tempo em que exibe naturalmente sua aguda sagacidade assim que se encontra sozinha com outras crianças. Esse tipo de pluralismo, que resulta da educação

---

21 *The Complete Works of Ralph Waldo Emerson*, v.I, p.321.

moderna em relação a todos os princípios ideais, democráticos ou religiosos, isto é, do fato de que se recorre a eles apenas em ocasiões específicas, pouco importando quão universais sejam, contribui para o traço esquizofrênico da sociedade moderna.

Uma obra de arte aspirava outrora dizer ao mundo o que ele é, formular um veredito absoluto. Hoje ela está completamente neutralizada. Tome, por exemplo, a Sinfonia Heroica de Beethoven. O frequentador médio de concertos é hoje incapaz de experienciar seu sentido objetivo. Ele a escuta como se ela houvesse sido escrita para ilustrar os comentários do programa. Tudo é apresentado preto no branco – a tensão entre o postulado moral e a realidade social, o fato de que, em contraste com a situação na França, a vida espiritual na Alemanha não podia ser expressa politicamente, mas tinha de buscar um escape na arte e na música. A composição foi reificada, transformada em uma peça de museu, e sua performance em uma atividade de lazer, um evento, uma oportunidade para performances de estrelas ou uma reunião social da qual alguém deve participar caso pertença a certo grupo. Mas não resta qualquer relação viva com a obra em questão, qualquer entendimento direto, espontâneo, da sua função como expressão, qualquer experiência de sua totalidade como uma imagem daquilo que outrora foi chamado de verdade. Essa reificação é típica da subjetivação e formalização da razão. Ela transforma obras de arte em mercadorias culturais e seu consumo em uma série de emoções acidentais, divorciadas das nossas reais intenções e aspirações. A arte foi dissociada da verdade, como a política ou a religião.

A reificação é um processo que pode remontar aos primórdios da sociedade organizada e do uso de ferramentas. No entanto, a transformação de todos os produtos da atividade

Eclipse da razão

humana em mercadorias foi atingida apenas com a emergência da sociedade industrial. As funções outrora realizadas pela razão objetiva, pela religião autoritária ou pela metafísica foram assumidas pelos mecanismos reificantes do aparato anônimo da economia. É o preço pago no mercado que determina a vendibilidade da mercadoria e, assim, a produtividade de um tipo de trabalho específico. As atividades são rotuladas como carentes de sentido ou supérfluas, como luxos, ao menos que sejam úteis ou, como em tempos de guerra, contribuam para a manutenção e a salvaguarda das condições gerais sob as quais a indústria pode prosperar. O trabalho produtivo, manual ou intelectual, tornou-se respeitável – na verdade, a única forma aceitável de dispender a vida – e qualquer ocupação, a busca por qualquer fim que posteriormente traga algum rendimento, é chamada de produtiva.

Os grandes teóricos da sociedade burguesa, Maquiavel, Hobbes e outros, chamavam os senhores feudais e os clérigos medievais de parasitas, porque suas formas de vida dependiam da produção, mas não contribuíam diretamente com ela. O clero e os aristocratas deviam supostamente devotar suas vidas respectivamente a Deus e ao cavalheirismo ou aos amores. Por sua mera existência e atividade, eles criaram símbolos admirados e estimados pelas massas. Maquiavel e seus discípulos reconheceram que os tempos haviam mudado e mostraram o quão ilusórios eram os valores das coisas às quais os antigos governantes haviam dedicado seu tempo. Maquiavel foi seguido até a doutrina de Veblen. Hoje, o luxo não está descartado, pelo menos não pelos produtores de bens luxuosos. No entanto, ele não encontra justificativa em sua própria existência, mas nas oportunidades que cria para o comércio e a indústria.

Meios e fins

Os luxos ou são adotados como necessidades pelas massas ou encarados como meio de relaxamento. Nada, nem mesmo o bem-estar material, que supostamente substituiu a salvação da alma como o alvo mais elevado do homem, é valioso em si e para si; nenhum objetivo enquanto tal é melhor que outro.

O pensamento moderno tentou produzir uma filosofia a partir dessa visão, como representada no pragmatismo.[22] O núcleo dessa filosofia é a opinião de que uma ideia, um conceito ou uma teoria nada mais é que um esquema ou um plano de ação e, portanto, a verdade nada mais é que o sucesso da ideia. Em uma análise do *Pragmatism,* de William James, John Dewey tece comentários sobre os conceitos de verdade e sentido. Citando James, ele diz: "As ideias verdadeiras levam-nos a áreas verbais e conceituais úteis, tanto quanto diretamente a termos sensíveis úteis. Levam-nos à consistência, à estabilidade e ao relacionamento fluente". Uma ideia, explica Dewey, é "um esboço das coisas existentes e a intenção de atuar a fim de arranjá-las de certa forma. Do que se segue que se o esboço é respeitado, se as existências procedentes das ações rearranjam-se ou reajustam-se da forma como pretende a ideia,

---

22 O pragmatismo tem sido analisado criticamente por várias escolas de pensamento, como, por exemplo, da perspectiva do voluntarismo, por Hugo Münsterberg em sua *Philosophie der Werte*; da perspectiva da fenomenologia objetiva, no elaborado estudo de Max Scheler, Erkenntis und Arbeit, em seu *Die Wissensformen und die Gesellschaft* (cf. particularmente pp. 259-324); da perspectiva da filosofia dialética, por Max Horkheimer, em Der Neueste Angriff auf die Metaphysik, *Zeitschrift für Sozialforschung*, 1937, vol.VI, p.4-53 e em Traditionelle und Kritische Theorie (ibid., p.245-94). As observações no texto pretendem apenas descrever o papel do pragmatismo no processo de subjetivação da razão.

51

Eclipse da razão

a ideia é verdadeira".[23] Se não fosse pelo fundador da escola, Charles S. Peirce, que nos conta ter "aprendido filosofia lendo Kant",[24] estaríamos tentados a negar qualquer *pedigree* filosófico para uma doutrina que sustenta que nossas expectativas são realizadas e nossas ações exitosas não porque nossas ideias são verdadeiras, mas, ao contrário, que nossas ideias são verdadeiras porque nossas expectativas são realizadas e nossas ações exitosas. De fato, seria injusto com Kant considerá-lo responsável por esse desenvolvimento. Ele fez a visão científica dependente de funções transcendentais, não de funções empíricas. Ele não liquidou a verdade identificando-a com as ações práticas da verificação, nem ensinando que sentido e efeito são idênticos. Ele tentou, em última instância, estabelecer a validade absoluta de certas ideias *per se*, por si mesmas. O estreitamento pragmático do campo de visão reduz o sentido de qualquer ideia a um plano ou a um esboço.

O pragmatismo justificou implicitamente, desde sua origem, a atual substituição da lógica da verdade pela da probabilidade, que se tornou amplamente predominante desde então. Pois, se um conceito ou uma ideia é significativo apenas em virtude de suas consequências, qualquer enunciado expressa uma expectativa mais ou menos provável. Nos enunciados referentes ao passado, os eventos esperados são o processo de corroboração, a produção de evidências por testemunhas ou qualquer tipo de documentos. A diferença entre a corroboração de um julgamento pelos fatos que ele prevê, por um lado, e pelas etapas de investigação que ele pode necessitar,

---

23 *Essays in Experimental Logic*, p.310, 317.
24 *Collected Papers of Charles Sanders Peirce*, v.V, p.274.

Meios e fins

por outro, submerge-se no conceito de verificação. A dimensão do passado, absorvida pela do futuro, é expelida da lógica. "O conhecimento", diz Dewey,[25] "é sempre uma questão do uso que se faz de eventos naturais experienciados, um uso no qual as coisas dadas são tratadas como indicações do que será experienciado sob diferentes condições".[26]

Para esse tipo de filosofia a previsão é a essência não apenas do cálculo, mas de todo pensar enquanto tal. Ela não diferencia suficientemente juízos que de fato expressam um prognóstico – por exemplo, "amanhã vai chover" – daqueles que podem ser verificados apenas depois de formulados, o que é naturalmente verdadeiro para qualquer juízo. O sentido presente e a verificação futura de uma proposição não são a mesma coisa. O juízo de que um homem está doente ou de que a humanidade agoniza não é um prognóstico, mesmo que possa ser verificado em um processo subsequente à sua formulação. Ele não é pragmático, muito embora possa levar à convalescença.

O pragmatismo reflete uma sociedade que não tem tempo para recordar e meditar.

> *The world is weary of the past,*
> *Oh, might it die or rest at last.**

Como a ciência, a própria filosofia "torna-se não uma sondagem contemplativa da existência, nem uma análise do que

---

25 Dewey, A Recovery of Philosophy, p.47.

26 Eu, no mínimo, diria: sob as mesmas condições ou sob condições similares.

* Trad.: "O mundo está farto do passado,/ Oh, que ele possa morrer ou por fim descansar." (N. T.)

Eclipse da razão

passou e está feito, mas uma perspectiva das possibilidades futuras relativas à obtenção do melhor e à aversão do pior."[27] A probabilidade ou, antes, a calculabilidade substitui a verdade, e o processo histórico que na sociedade tende a fazer da verdade uma palavra vazia recebe uma bênção, por assim dizer, do pragmatismo, que na filosofia faz da verdade uma palavra vazia.

Dewey explica o que, de acordo com James, é

> a significância de um objeto: o sentido que deveria estar contido em sua concepção ou definição. "Para obter uma clareza perfeita nos nossos pensamentos de um objeto, precisamos apenas considerar quais efeitos práticos concebíveis o objeto pode envolver, quais sensações devemos dele esperar e quais reações devemos preparar", ou, em suma, como citado por [Wilhelm] Ostwald, "todas as realidades influenciam nossa prática e essa influência é seu sentido para nós".

Dewey não vê como alguém pode duvidar da importância dessa teoria, "ou [...] acusá-la de subjetivismo ou idealismo, uma vez que o objeto, com seu poder de produzir efeitos, é pressuposto".[28] No entanto, o subjetivismo dessa escola está no papel que "nossas" práticas, ações e interesses desempenham em sua teoria do conhecimento, não em sua aceitação de uma doutrina fenomenalista.[29] Se juízos verdadeiros sobre

---

27 Ibid., p.53.

28 Ibid., p.308-9.

29 O positivismo e o pragmatismo identificam a filosofia com o cientificismo. Por essa razão, o pragmatismo é visto, no presente contexto, como uma expressão genuína da abordagem positivista. As

Meios e fins

objetos, e, portanto, o próprio conceito de objeto, baseiam-se apenas nos "efeitos" sobre a ação do sujeito, é difícil entender qual sentido poderia ainda ser atribuído ao conceito de "objeto". De acordo com o pragmatismo, a verdade deve ser desejada não por si mesma, mas na medida em que funciona melhor, ao levar-nos a algo que é estranho à própria verdade ou pelo menos diferente dela.

Quando James se queixava de que os críticos do pragmatismo "simplesmente assumem que nenhum pragmático *pode* admitir um interesse teórico genuíno",[30] ele estava realmente correto em relação à existência psicológica de tal interesse, mas se alguém segue seu próprio conselho – "captar o espírito em vez da letra"[31] –, parece que o pragmatismo, como a tecnocracia, certamente muito contribuiu para o descrédito em voga daquela "contemplação inerte"[32] que fora outrora a maior aspiração do homem. Qualquer ideia de verdade, mesmo o todo dialético do pensamento, como ocorre em uma mente viva, pode ser chamada de "contemplação inerte", sempre que seja buscada por si mesma, e não como um meio para "a consistência, a estabilidade e o relacionamento fluente". Tanto o ataque à contemplação quanto o elogio do artesão expressam o triunfo dos meios sobre os fins.

Muito depois da época de Platão, o conceito de Ideias ainda representava a esfera do alheamento, da independência e, em um certo sentido, mesmo da liberdade, uma objetividade que

---

duas filosofias diferem apenas no fato de que o positivismo anterior professava o fenomenalismo, isto é, o idealismo sensualista.

30 *The Meaning of Truth*, p.208.

31 Ibid., p.180.

32 James, *Some Problems of Philosophy*, p.59.

não se submetia aos "nossos" interesses. A filosofia, preservando a ideia de verdade objetiva sob o nome de absoluto, ou de qualquer outra forma espiritualizada, logrou a relativização da subjetividade. Ela insistia na diferença de princípio entre o *mundus sensibilis* e o *mundus intelligibilis*, entre, por um lado, a imagem da realidade tal como estruturada pelas ferramentas intelectuais e físicas de dominação do homem, pelos seus interesses e ações ou por qualquer tipo de procedimento técnico e, por outro, um conceito de ordem ou hierarquia, de uma estrutura estática ou dinâmica, que faria plena justiça às coisas e à natureza. No pragmatismo, por mais pluralista que ele próprio se represente, tudo se torna mera matéria subjetiva e, assim, em última instância, o mesmo, um elemento na cadeia dos meios e efeitos. "Teste todo conceito pela questão 'Que diferença sensível essa verdade fará a qualquer pessoa?' e você estará na melhor posição possível para entender o que ele significa e para discutir sua importância".[33] Para além dos problemas envolvidos na expressão "qualquer pessoa", segue-se dessa regra que o comportamento das pessoas decide sobre o sentido de um conceito. A significância de Deus, causa, número, substância ou alma consiste, como afirma James, em nada senão na tendência desse conceito de fazer-nos agir ou pensar. Se o mundo chegasse a um ponto no qual ele deixasse de preocupar-se não apenas com tais entidades metafísicas, mas também com assassinatos perpetrados atrás de fronteiras fechadas ou simplesmente no escuro, poderíamos concluir que os conceitos de tais assassinatos não teriam sentido, que eles não representariam quaisquer "ideias distintas" ou verdades, uma vez que não fariam "dife-

---

33 Ibid, p.82.

Meios e fins

rença sensível para qualquer pessoa". Como alguém poderia reagir sensivelmente a esses conceitos quando se aceita como óbvio que sua reação é o único sentido deles?

O que o pragmatismo entende por reação é, na verdade, trazido do campo das ciências naturais para a filosofia. Seu orgulho é "pensar tudo como tudo é pensado no laboratório, isto é, como uma questão de experimentação".[34] Peirce, que cunhou o nome da escola, declara que o procedimento do pragmatismo

> não é outro senão o método experimental, por meio do qual todas as ciências bem-sucedidas (dentre as quais ninguém em sã consciência incluiria a metafísica) alcançaram graus de certeza que hoje lhes são muito apropriados; sendo esse método experimental nada mais do que uma aplicação particular de uma antiga regra lógica – "Pelos seus frutos os conhecereis".[35]

A explanação torna-se mais intrincada quando ele declara que "uma concepção, isto é, o teor racional de uma palavra ou de outra expressão, reside exclusivamente em sua concebível influência sobre a conduta da vida" e que "nada que não resulte de um experimento pode exercer influência direta sobre a conduta, se forem definidos com precisão todos os fenômenos experimentais concebíveis que a afirmação ou negação de um conceito implicam". O procedimento que ele recomenda oferecerá "uma completa definição do conceito, *e nele não há absolutamente nada mais*".[36] Ele tenta resolver o paradoxo na afirmação

---

34 Peirce, op. cit., p.272.
35 Ibid., p.317.
36 Ibid., p.273

Eclipse da razão

supostamente óbvia de que apenas possíveis resultados de experimentos podem ter influência direta sobre a conduta humana por meio da oração condicional que torna essa visão dependente da definição precisa de "todos os fenômenos experimentais concebíveis" em qualquer caso particular. Mas, uma vez que a questão sobre o que podem ser os fenômenos concebíveis deve ser novamente respondida por meio de um experimento, esses peremptórios enunciados metodológicos parecem conduzir-nos a sérias dificuldades lógicas. Como é possível sujeitar a experimentação ao critério de "ser concebível" se qualquer conceito – isto é, tudo que possa ser concebível – depende essencialmente da experimentação?

Enquanto a filosofia, em seu estágio objetivista, buscou ser a agência que levava a conduta humana, incluindo a atividade científica, a um entendimento definitivo de sua própria razão e justiça, o pragmatismo tenta retraduzir qualquer entendimento em mera conduta. Sua ambição é a de ser ele mesmo nada mais que atividade prática, distinta do conhecimento teórico, que, de acordo com os ensinamentos pragmáticos, ou é apenas um nome para eventos físicos ou é simplesmente carente de sentido. Mas uma doutrina que tenta seriamente dissolver as categorias intelectuais – tais como verdade, sentido ou concepções – em atitudes práticas não pode ela própria esperar ser concebida no sentido intelectual da palavra; pode apenas tentar funcionar como um mecanismo que inicia certas séries de eventos. De acordo com Dewey, cuja filosofia é a mais radical e consistente forma de pragmatismo, sua teoria "entende que conhecer é literalmente algo que fazemos; que a análise é, em última instância, física e ativa; que os sentidos, em suas qualidades lógicas, são pontos de vista, atitudes e métodos de

Meios e fins

comportamento em relação a fatos; e que a experimentação ativa é essencial à verificação".[37] Isso, pelo menos, é consistente, mas abole o pensamento filosófico, embora ele ainda seja pensamento filosófico. O filósofo pragmático ideal seria aquele que, como no adágio latino, permanece em silêncio.

Em conformidade com a veneração das ciências naturais por parte dos pragmáticos, há apenas um tipo de experiência que conta, a saber, o experimento. O processo que tende a substituir os vários caminhos teóricos para a verdade objetiva pela poderosa maquinaria da pesquisa organizada é sancionado pela filosofia ou, antes, é identificado com a filosofia. Todas as coisas na natureza tornam-se idênticas aos fenômenos que elas apresentam quando submetidas às práticas dos nossos laboratórios, cujos problemas, não menos que seu aparato, expressam, por sua vez, os problemas e os interesses da sociedade como ela é. Essa visão pode ser comparada com a de um criminologista que sustentasse que o conhecimento confiável de um ser humano só pode ser obtido por meio de métodos de exame bem testados e avançados, aplicados ao suspeito nas mãos da polícia metropolitana. Francis Bacon, o grande precursor do experimentalismo, descreveu o método com jovial franqueza:

> *Quemadmodum enim ingenium alicujus haud bene noris aut probaris, nisi eum irritaveris; neque Proteus se in varias rerum facies vertere solitus est, nisi manicis arcte comprehensus; similitèr etiam Natura arte irritata et vexata se clarius prodit, quam cum sibi libera permittitur.*[38]

---

37 *Essays in Experimental Logic*, p.330.
38 "De augmentis scientiarum", lib.II, cap.II, *The Works of Francis Bacon*, 1827, v.III, p.96. "Pois, da mesma forma que a disposição de um

Eclipse da razão

A "experimentação ativa" produz, de fato, respostas concretas a questões concretas, como as colocadas pelos interesses de indivíduos, de grupos ou pela comunidade. Não é apenas o físico que adere a essa identificação subjetivista, por meio da qual as respostas determinadas pela divisão social do trabalho tornam-se verdades enquanto tais. O papel reconhecido do físico na sociedade moderna é tratar tudo como se fosse uma matéria subjetiva. Ele não tem de decidir sobre o sentido desse papel. Ele não está obrigado a interpretar os assim chamados conceitos intelectuais como eventos puramente físicos, nem a hipostasiar seu próprio método como o único comportamento intelectual dotado de sentido. Ele pode até mesmo nutrir a esperança de que suas descobertas formarão parte de uma verdade sobre a qual não se decide em um laboratório. Pode, ademais, duvidar que a experimentação seja a parte essencial de sua atividade. É, antes, o professor de filosofia, tentando imitar o físico, com o intuito de incluir seu ramo de atividade entre "todas as ciências bem sucedidas", que trata os pensamentos como se fossem coisas e elimina qualquer outra ideia de verdade que não seja aquela abstraída da dominação otimizada da natureza.

O pragmatismo, ao tentar transformar a física experimental no protótipo de toda ciência e moldar todas as esferas da vida intelectual segundo as técnicas do laboratório, é a contraparte do industrialismo moderno, que toma a fábrica como o protótipo da existência humana e que molda todos os ramos da

---

homem nunca é bem conhecida até que ele seja contrariado, nem Proteu mudou de forma até ser preso e amarrado, tampouco podem as passagens e variações da natureza aparecerem plenamente na liberdade da natureza como nas provações e constrangimentos da arte". *Works of Francis Bacon*, v.I, p.78.

Meios e fins

cultura segundo a linha de produção ou segundo o escritório racionalizado de atendimento ao público. A fim de provar seu direito de ser concebido, cada pensamento deve ter um álibi, deve apresentar um registro de sua conveniência. Mesmo se seu uso direto for "teórico", ele é, em última instância, colocado em teste por meio da aplicação prática da teoria na qual funciona. O pensamento deve ser mensurado por algo que não é pensamento, por seu efeito na produção ou seu impacto na conduta social, da mesma forma que hoje a arte está sendo, em última instância, mensurada em cada detalhe por algo que não é arte, pela bilheteria ou pelo seu valor publicitário. No entanto, há uma notável diferença entre a atitude do cientista e do artista, por um lado, e aquela do filósofo, por outro. Os primeiros às vezes ainda repudiam os "frutos" constrangedores de seus esforços, pelos quais são julgados na sociedade industrial, e rompem com o controle do conformismo. O último assumiu como tarefa a justificação dos critérios factuais como supremos. Como pessoa, como um político ou um reformador social, como um homem de bom gosto, ele pode opor-se às consequências práticas das atividades científicas, artísticas ou religiosas no mundo como ele é; sua filosofia, no entanto, destrói qualquer outro princípio ao qual ele poderia recorrer.

Isso vem à tona em muitas discussões éticas ou religiosas nos escritos pragmáticos. Eles são liberais, tolerantes, otimistas e bem incapazes de lidar com o *débâcle* cultural dos nossos dias. Referindo-se a uma seita moderna de sua época, a qual ele chama de "movimento de cura da mente", diz James:

O resultado óbvio de nossa experiência total é que o mundo pode ser tratado de acordo com muitos sistemas de ideias, e é

Eclipse da razão

assim tratado por diferentes homens, e que cada vez dará um tipo característico de proveito a quem o trata, de acordo com seu interesse, ao mesmo tempo que outro tipo de proveito tem de ser omitido ou adiado. A ciência dá a todos nós o telégrafo, a iluminação elétrica e a diagnose, e é bem sucedida em prevenir e curar certas doenças. A religião, na forma de cura da mente, dá a alguns de nós serenidade, equilíbrio moral e felicidade, e previne certas formas de doença, como o faz a ciência, ou até melhor com certa classe de pessoas. Evidentemente, portanto, a ciência e a religião são ambas chaves genuínas para abrir os tesouros do mundo àquele que puder usar qualquer uma delas na prática.[39]

Diante da ideia de que a verdade pode levar ao oposto da satisfação e revelar-se completamente escandalosa para a humanidade em um dado momento histórico e, por consequência, ser repudiada por qualquer um, os pais do pragmatismo fizeram da satisfação do sujeito o critério de verdade. Para tal doutrina, não há possibilidade de rechaçar, ou mesmo criticar, qualquer espécie de crença que seja desfrutada por seus adeptos. O pragmatismo pode, com justiça, ser usado como uma justificativa mesmo por aquelas seitas que tentam usar tanto a ciência quanto a religião como "chaves genuínas para abrir os tesouros do mundo", em um sentido mais literal que aquele imaginado por James.

Tanto Peirce quanto James escreveram em uma época em que a prosperidade e a harmonia entre os grupos sociais e entre as nações pareciam próximas, e na qual nenhuma catástrofe maior era esperada. Suas filosofias refletem, com um candor quase

---

39 *Varieties of Religious Experience*, p.120.

Meios e fins

desconcertante, o espírito da cultura de negócios predominante, exatamente a mesma atitude "prática" em oposição a qual a própria meditação filosófica foi concebida. Das alturas dos êxitos da ciência a eles contemporânea, podiam rir de Platão, que, depois de apresentar sua teoria das cores, vai além e diz:

> Aquele que, no entanto, tentasse verificar tudo isso por meio do experimento esqueceria a diferença entre a natureza humana e a divina. Pois apenas Deus tem o conhecimento e também o poder capazes de combinar muitas coisas em uma e de dissolvê-la em várias de novo. Mas nenhum homem é ou será capaz de realizar uma ou outra dessas operações.[40]

Não se pode imaginar refutação mais drástica de um prognóstico pela história que a sofrida por Platão. Ainda assim, o triunfo do experimento é apenas um aspecto do processo. O pragmatismo, que atribui a qualquer coisa e a qualquer um o papel de um instrumento – não em nome de Deus ou da verdade objetiva, mas em nome do que quer que seja alcançado por ele na prática –, pergunta desdenhosamente o que expressões como "verdade em si" ou o bem, que Platão e seus sucessores objetivistas deixaram indefinido, podem realmente significar. Pode-se responder que elas pelo menos preservaram a consciência das diferenças, para cuja negação o pragmatismo foi inventado – a diferença entre pensar no laboratório e na filosofia e, consequentemente, a diferença entre a destinação do gênero humano e sua trajetória presente.

---

40 Timaeus, 68, p.47.

Eclipse da razão

Dewey identifica a satisfação dos desejos das pessoas como elas são como a mais alta aspiração do gênero humano:

A fé no poder da inteligência de imaginar um futuro que é a projeção do desejável no presente e de inventar as instrumentalidades para sua realização é nossa salvação. E é uma fé que deve ser nutrida e articulada; certamente, uma tarefa suficientemente ampla para nossa filosofia.[41]

A "projeção do desejável no presente" não é uma solução. Duas interpretações desse conceito são possíveis. Na primeira, ele pode ser tomado como referente aos desejos das pessoas como elas realmente são, condicionadas por todo o sistema social sob o qual elas vivem – um sistema que torna mais que duvidosa a ideia de que seus desejos são de fato seus. Se esses desejos são aceitos de um modo acrítico, sem que se transcenda seus limites imediatos, subjetivos, pesquisas de mercado e de opinião seriam um meio mais adequado para determiná-los que a filosofia. Ou, em uma segunda interpretação, de algum modo Dewey concorda em aceitar algum tipo de diferença entre o desejo subjetivo e a desejabilidade objetiva. Uma admissão como essa marcaria apenas o início da análise filosófica crítica – ao menos que o pragmatismo, tão logo enfrente essa crise, pretenda capitular e sucumbir à razão objetiva e à mitologia.

A redução da razão a um mero instrumento acaba por afetar até mesmo seu caráter de instrumento. O espírito antifilosófico, que é inseparável do conceito subjetivo de razão e que, na Europa, culminou nas perseguições totalitárias de intelectuais,

---

41 Dewey, A Recovery of Philosophy, p.68-9.

tendo sido elas as pioneiras ou não, é sintomático da degradação da razão. Os críticos tradicionalistas e conservadores da civilização cometem um erro fundamental quando atacam a intelectualização moderna sem, ao mesmo tempo, atacar a imbecilização, que é apenas outro aspecto do mesmo processo. O intelecto humano, que tem origens biológicas e sociais, não é uma entidade absoluta, isolada e independente. Ele foi assim declarado apenas como resultado da divisão social do trabalho, a fim de justificá-la com base na constituição natural do homem. As funções dirigentes da produção – comandar, planejar, organizar – foram contrapostas como puro intelecto às funções manuais da produção, estas como formas mais baixas, impuras, de trabalho – o trabalho dos escravos. Não por acaso, a assim chamada psicologia platônica, na qual o intelecto foi pela primeira vez contrastado com outras "faculdades" humanas, particularmente com a vida instintiva, foi concebida de acordo com o modelo da divisão de poderes em um Estado rigidamente hierárquico.

Dewey[42] é plenamente consciente dessa origem suspeita do conceito de puro intelecto, mas acata a consequência de reinterpretar o trabalho intelectual como prático, exaltando assim o trabalho físico e reabilitando os instintos. Ele desconsidera qualquer capacidade especulativa da razão que seja distinta da ciência existente. Na realidade, a emancipação do intelecto em relação à vida instintiva não mudou o fato de que sua riqueza e força ainda dependem do seu conteúdo concreto e de que ele se atrofia e se apequena quando suas conexões com esse conteúdo são cortadas. Um homem inteligente não é aquele apenas capaz de raciocinar corretamente, mas aquele cuja

---

42 Dewey, *Human Nature or Conduct*, p.58-9.

Eclipse da razão

mente está aberta à percepção de conteúdos objetivos, aquele que é capaz de receber o impacto de suas estruturas essenciais e traduzi-las para a linguagem humana; isso é válido também para a natureza do pensar enquanto tal e para seu conteúdo de verdade. A neutralização da razão, que a priva de qualquer relação com o conteúdo objetivo e de seu poder de julgá-lo e que a rebaixa a uma agência executiva preocupada com o como em vez de com o porquê, transforma-a, cada vez mais, em um mero aparato maçante de registro de fatos. A razão subjetiva perde toda espontaneidade, produtividade e poder para descobrir e afirmar novos tipos de conteúdo – ela perde sua subjetividade mesma. Como uma lâmina de barbear muitas vezes afiada, esse "instrumento" torna-se excessivamente tênue e, por fim, inadequado para dominar as tarefas puramente formais às quais foi limitado. Isso é paralelo à tendência social geral de destruição das forças produtivas, precisamente em um período de enorme crescimento dessas forças.

A utopia negativa de Aldous Huxley expressa esse aspecto da formalização da razão, isto é, sua transformação em estupidez. Nela, as técnicas do admirável mundo novo e os processos intelectuais a elas ligados são representados como altamente refinados. Mas os objetivos aos quais servem – o estúpido "cinema sensível" [*feelies*], que permite a alguém sentir uma pele projetada na tela; a "hipnopedia", que inculca os todo--poderosos slogans do sistema na criança que dorme; os métodos artificiais de reprodução, que padronizam e classificam os seres humanos mesmo antes de nascerem – refletem todos um processo que ocorre no próprio pensar e que leva a um sistema de proibição do pensamento que acaba, por fim, na estupidez subjetiva, prefigurada na idiotia objetiva de todo o conteúdo da vida. O pensamento em si tende a ser substituído por ideias estereotipadas. Estas são tratadas, por um lado, como meros instrumentos convenientes a serem oportunisticamente abandonados ou aceitos e, por outro, como objetos de adoração fanática.

Huxley ataca a organização de mundo do capitalismo de Estado monopolista, que está sob a égide de uma razão subjetiva autodissolvente concebida como um absoluto. Mas, ao mesmo tempo, esse romance parece contrapor ao ideal desse sistema imbecilizante um heroico individualismo metafísico que condena indiscriminadamente o fascismo e o esclarecimento, a psicanálise e o cinema, a desmitologização e as mitologias brutas, e exalta acima de tudo o homem de cultura, não maculado pela civilização total e certo dos seus instintos, ou o cético talvez. Assim, Huxley, inadvertidamente, alia-se com o conservadorismo cultural reacionário que em toda parte — e especialmente na Alemanha — lançou as bases para o mesmo coletivismo monopolista que ele critica em nome da alma, por oposição ao intelecto. Em outras palavras, enquanto a afirmação ingênua da razão subjetiva tenha, de fato, produzido sintomas[43] não diferentes daqueles

---

43 Um exemplo extremo pode ser citado. Huxley inventou o "condicionamento à morte" – isto é, crianças são levadas à presença de moribundos, alimentadas com doces e estimuladas a brincar enquanto assistem ao processo de morte. Assim, elas acabam por associar ideias prazerosas com a morte e deixam de horrorizar-se diante dela. A *Parents' Magazine* de outubro de 1944 traz um artigo intitulado "Entrevista com um Esqueleto". Ele descreve como crianças de cinco anos brincam com um esqueleto "a fim de conhecer pela primeira vez o funcionamento interior do corpo humano". "Você precisa de ossos para sustentar a pele", disse Johnny, examinando esse esqueleto. "Ele não sabe que ele está morto", disse Martudi.

Eclipse da razão

descritos por Huxley, a rejeição ingênua dessa razão em nome de um conceito de cultura e de individualidade historicamente obsoleto e ilusório leva ao desprezo das massas, ao cinismo, à confiança em forças cegas; estas, por sua vez, servem à tendência rejeitada. A filosofia deve hoje encarar a questão sobre se o pensamento pode permanecer senhor de si mesmo nesse dilema, e assim preparar sua solução teórica, ou se ele deve contentar-se em desempenhar o papel de metodologia vazia, de apologética enganosa ou de prescrição garantida – como o mais novo misticismo popular de Huxley, que se adapta ao admirável mundo novo tão bem quanto qualquer ideologia já pronta.

II
Panaceias conflitantes

Hoje, existe quase um consenso de que a sociedade nada perdeu com o declínio do pensamento filosófico, já que um instrumento de conhecimento muito mais poderoso tomou seu lugar, a saber, o pensamento científico moderno. Costuma-se dizer que todos os problemas que a filosofia tentou resolver ou são carentes de sentido ou podem ser resolvidos pelos métodos experimentais modernos. De fato, uma das tendências dominantes na filosofia moderna é a de entregar à ciência o trabalho deixado inacabado pela especulação tradicional. Tal tendência em direção à hipóstase da ciência caracteriza todas as escolas hoje chamadas de positivistas. As considerações que seguem não pretendem ser uma discussão detalhada dessa filosofia; seu único objetivo é relacioná-la com a presente crise cultural.

Os positivistas atribuem essa crise a uma "fraqueza de nervos". Existem, dizem eles, muitos intelectuais pusilâmines, que, declarando descrença no método científico, recorrem a outros métodos de conhecimento, como a intuição ou a revelação. De acordo com os positivistas, o que precisamos é de

Eclipse da razão

uma ampla confiança na ciência. É claro que eles não são cegos para os usos destrutivos a que se presta a ciência; mas sustentam que esses usos são perversões. Será realmente assim? O progresso objetivo da ciência e sua aplicação, a tecnologia, não justificam a ideia corrente de que a ciência é destrutiva apenas quando pervertida, porém necessariamente construtiva quando entendida de modo adequado.

A ciência poderia certamente ser usada de melhor forma. No entanto, não é de modo algum certo que a via de realização das boas potencialidades da ciência seja o seu trajeto presente. Os positivistas parecem esquecer que a ciência natural como eles a concebem é acima de tudo um meio auxiliar da produção, um elemento entre muitos no processo social. Logo, é impossível determinar *a priori* qual papel a ciência desempenha no efetivo avanço ou retrocesso da sociedade. A esse respeito, seu efeito é tão positivo ou negativo quanto a função que ela assume na tendência geral do processo econômico.

A ciência hoje, sua diferença de outras forças e atividades intelectuais, sua divisão em campos específicos, seus procedimentos, conteúdos e organização, pode ser entendida apenas em sua relação com a sociedade para a qual ela funciona. A filosofia positivista, que encara a ferramenta "ciência" como a paladina automática do progresso, é tão falaciosa quanto outras glorificações da tecnologia. A tecnocracia econômica espera tudo da emancipação dos meios materiais de produção. Platão queria fazer dos filósofos senhores; os tecnocratas querem fazer dos engenheiros o conselho de diretores da sociedade. O positivismo é uma tecnocracia filosófica. Ele especifica como requisito para pertencer aos conselhos da sociedade uma fé exclusiva na matemática. Platão, um entusiasta da matemática,

Panaceias conflitantes

concebeu os governantes como especialistas administrativos, engenheiros do abstrato. De modo similar, os positivistas tomam os engenheiros como filósofos do concreto, já que eles aplicam a ciência, da qual a filosofia — na medida em que é de alguma forma tolerada — é mera derivação. Apesar de todas as suas diferenças, tanto Platão quanto os positivistas pensam que a forma de salvar a humanidade é sujeitá-la às regras e aos métodos da razão científica. Os positivistas, no entanto, adaptaram a filosofia à ciência, isto é, aos requisitos da prática, em vez de adaptar a prática à filosofia. Para eles, o pensamento, no ato mesmo de funcionar como *ancilla administrationis*, torna-se o *rector mundi*.

Alguns anos atrás, a avaliação positivista da presente crise cultural foi apresentada em três artigos que analisam, com grande clareza, os assuntos em questão.[1] Sidney Hook defende que a presente crise cultural surge de "uma perda de confiança no método científico".[2] Ele lamenta que numerosos intelectuais procurem um conhecimento e uma verdade que não são idênticos à ciência. Diz que eles confiam na autoevidência, na intuição, no *Wesenserschauung*, na revelação e em outras fontes duvidosas de informação, em vez de fazer pesquisa honesta, experimentando e extraindo suas conclusões cientificamente. Ele denuncia os promotores de todos os tipos de metafísica, repreende as filosofias protestante e católica e suas alianças,

---

1 Hook, The new failure of nerve; Dewey, Anti-naturalism in extremis; Nagel, Malicious philosophies of science; *Partisan Review*, p.2-57. Partes desses artigos estão contidas em *Naturalism and the Human Spirit*, editado por Y. H. Krikorian.

2 Hook, The new failure of nerve, p.3-4.

Eclipse da razão

deliberadas ou não, com forças reacionárias. Apesar de manter uma atitude crítica em relação à economia liberal, advoga a "tradição do livre mercado no mundo das ideias".

John Dewey[3] ataca o antinaturalismo, que tem "impedido a ciência de seguir seu trajeto e realizar suas potencialidades construtivas". Ernest Nagel, discutindo as "filosofias maléficas", refuta vários argumentos específicos apresentados por metafísicos para negar que a lógica da ciência natural seja uma base intelectual suficiente para atitudes morais. Esses três artigos polêmicos, bem como muitas outras afirmações dos autores, merecem grande respeito pela sua inflexível oposição aos vários arautos de ideologias autoritárias. Nossas observações críticas dizem respeito estrita e exclusivamente a diferenças teóricas objetivas. Mas antes de analisar o remédio positivista, devemos discutir a cura proposta por seus oponentes.

O ataque positivista a certas revivificações ardilosas e artificiais de ontologias obsoletas é, sem dúvida, justificável. Os promotores dessas revivificações, por mais cultivados que sejam, estão traindo os últimos vestígios da cultura ocidental, ao fazer desse resgate seu negócio filosófico. O fascismo revivificou antigos métodos de dominação que, sob as condições modernas, provaram ser indescritivelmente mais cruéis que suas formas primevas; esses filósofos revivificam autoritários sistemas de pensamento que, sob as condições modernas, provam-se infinitamente mais inocentes, arbitrários e inverídicos que originalmente. Metafísicos bem intencionados, com suas semicultas demonstrações da verdade, do bem e do belo como valores eternos da escolástica, destroem o último resquí-

---

3 Dewey, Anti-naturalism in extremis, p.26.

Panaceias conflitantes

cio de sentido que essas ideias poderiam ter para pensadores independentes que tentam opor-se aos poderes existentes. Essas ideias são hoje promovidas como se fossem mercadorias, enquanto antes eram usadas para opor-se aos efeitos da cultura comercial.

Existe hoje uma tendência geral a revivificar antigas teorias da razão objetiva para dotar de algum fundamento filosófico a hierarquia de valores geralmente aceitos, em rápida desintegração. Ao lado de pseudorreligiões ou de curas semicientíficas da mente, do espiritualismo, da astrologia, de versões baratas de filosofias antigas como a ioga, o budismo ou o misticismo, e de adaptações populares de filosofias objetivistas clássicas, as ontologias medievais são recomendadas para o uso moderno. Mas a transição da razão objetiva para a subjetiva não foi um acidente, e o processo de desenvolvimento das ideias não pode ser revertido arbitrariamente a qualquer momento. Se a razão subjetiva, na forma do esclarecimento, dissolveu a base filosófica de crenças que foram uma parte essencial da cultura ocidental, ela pôde fazê-lo porque essa base provou ser demasiadamente frágil. Sua revivificação é, portanto, completamente artificial: serve ao propósito de preencher uma lacuna. As filosofias do absoluto são oferecidas como um excelente instrumento para salvar-nos do caos. Partilhando do destino de todas as doutrinas, boas ou más, que passam no teste dos atuais mecanismos sociais de seleção, as filosofias objetivistas tornam-se padronizadas para usos específicos. As ideias filosóficas servem às necessidades de grupos religiosos ou esclarecidos, progressistas ou conservadores. O absoluto torna-se ele próprio um meio; a razão objetiva, um esquema para propósitos subjetivos, mesmo que gerais.

Eclipse da razão

Os tomistas modernos[4] por vezes descrevem suas metafísicas como um suplemento salutar ou útil ao pragmatismo, e eles provavelmente estão corretos. De fato, adaptações filosóficas de religiões estabelecidas realizam uma função útil aos poderes existentes: elas transformam os vestígios sobreviventes do pensamento mitológico em dispositivos viáveis para a cultura de massas. Quanto mais esses renascimentos artificiais lutam para conservar intacta a letra das doutrinas originais, mais eles destorcem seu sentido original, pois a verdade é forjada em uma evolução de ideias cambiantes e conflitantes. O pensamento é fiel a si mesmo sobretudo ao estar preparado para contradizer-se, enquanto preserva, como elemento inerente à verdade, a memória dos processos pelos quais ela foi alcançada. O conservadorismo das revivificações filosóficas modernas a respeito de elementos culturais é uma autoilusão. Como religião moderna, os neotomistas não podem deixar de promover a pragmatização da vida e a formalização do pensamento. Eles contribuem para dissolver crenças nativas e fazem da fé uma questão de conveniência.

A pragmatização da religião, embora possa parecer em muitos aspectos uma blasfêmia – como na associação da religião com a higiene – não é apenas o resultado de sua adaptação às condições da civilização industrial, mas está enraizada na própria essência de qualquer tipo de teologia sistemática. A exploração da natureza pode ser remontada aos primeiros capí-

---

4 Essa importante escola metafísica inclui alguns dos mais responsáveis historiadores e escritores dos nossos dias. Os comentários críticos referem-se aqui exclusivamente à tendência de suplantar o pensamento filosófico independente pelo dogmatismo.

Panaceias conflitantes

tulos da Bíblia. Todas as criaturas devem sujeitar-se ao homem. Apenas os métodos e manifestações daquela sujeição mudaram. Mas, enquanto o tomismo original podia atingir seu objetivo de adaptar o cristianismo a formas científicas e políticas a ele contemporâneas, o neotomismo encontra-se em uma posição precária. Porque a exploração da natureza dependeu, na Idade Média, de uma economia relativamente estática, a ciência naquele tempo era estática e dogmática. Sua relação com a teologia dogmática podia ser relativamente harmoniosa e o aristotelismo foi facilmente absorvido no tomismo. Mas essa harmonia é impossível hoje, e o uso de categorias do neotomismo tais como causa, propósito, força, alma, entidade, é necessariamente acrítico. Enquanto para Tomás de Aquino essas ideias metafísicas representavam o conhecimento científico em seu ápice, sua função na cultura moderna mudou completamente.

Infelizmente para os neotomistas, os conceitos que eles pretendem derivar de suas doutrinas teológicas não formam mais a espinha dorsal do pensamento científico. Eles não podem integrar a teologia e a ciência natural contemporânea em um sistema intelectual hierárquico, como o fez Tomás de Aquino emulando Aristóteles e Boécio, porque as descobertas da ciência moderna contradizem, de forma muito patente, o *ordo* escolástico e a metafísica aristotélica. Hoje, nenhum sistema de educação, nem mesmo o mais reacionário, pode encarar a mecânica quântica e a teoria da relatividade como assuntos à parte dos princípios centrais do pensamento. Para harmonizar seu ponto de vista com a ciência natural do presente, os neotomistas precisam, portanto, inventar todo tipo de engenhocas intelectuais. Sua situação lembra o dilema daqueles astrônomos que, no alvorecer da astronomia moderna, tentaram salvar

Eclipse da razão

o sistema ptolomaico acrescentando-lhe construções auxiliares as mais complicadas, defendendo que estas preservavam o sistema apesar de todas as mudanças.

Diferentemente de seu mestre, os neotomistas não se esforçam realmente para deduzir o conteúdo da física contemporânea da cosmologia da Bíblia. As complexidades da estrutura eletrônica da matéria, para não mencionar a teoria do universo em expansão, tornariam de fato difícil tal empreendimento. Tomás de Aquino, se estivesse vivo hoje, estaria provavelmente enfrentando a questão e acabaria ou por condenar a ciência por razões filosóficas ou por tornar-se um herético; ele não estaria tentando realizar uma síntese superficial de elementos incompatíveis. Mas seus epígonos não podem posicionar-se do mesmo modo: os últimos dogmáticos precisam negociar entre uma física celeste e terrena, ontológica e lógico-empirista. Seu método é admitir *in abstracto* que mesmo descrições não ontológicas podem ter certo grau de verdade ou para atribuir racionalidade à ciência na medida em que seja matematizada, ou para propor concordatas igualmente duvidosas no domínio filosófico. Por meio desse procedimento, a filosofia eclesiástica dá a impressão de que a ciência física moderna está integrada ao seu sistema perene, enquanto esse sistema é apenas uma forma obsoleta da própria teoria que pretende integrar. De fato, esse sistema é moldado de acordo com o mesmo ideal de dominação da teoria científica. É o mesmo propósito subjacente de assenhorar-se da realidade e de modo algum o de criticá-la.

A função social dessas revivificações de sistemas de filosofia objetivista, da religião ou de superstições é a de reconciliar o pensamento individual com formas modernas de manipulação

Panaceias conflitantes

de massas. A esse respeito, os efeitos da revivificação filosófica do cristianismo não são tão diferentes dos efeitos da revivificação da mitologia pagã na Alemanha. Os vestígios da mitologia alemã eram uma força de resistência velada à civilização burguesa. Sob a superfície do dogma e da ordem conscientemente aceitos, antigas memórias pagãs permaneciam latentes como credo popular. Elas inspiraram a poesia, a música e a filosofia alemãs. Uma vez redescobertas e manipuladas como elementos de educação das massas, seu antagonismo às formas predominantes da realidade extinguiu-se e elas tornaram-se ferramentas da política moderna.

Algo análogo está sendo feito à tradição católica pela campanha neotomista. Como os neopagãos alemães, os neotomistas aperfeiçoam antigas ideologias, tentando adaptá-las a propósitos modernos. Assim, comprometem-se com o mal existente, como as igrejas estabelecidas sempre o fizeram. Ao mesmo tempo, inadvertidamente dissolvem os últimos vestígios daquele espírito de união na fé que tentam promover. Eles formalizam suas próprias ideias religiosas a fim de ajustá-las à realidade. Necessariamente, ressaltar a justificação abstrata das doutrinas religiosas interessa-os mais do que seu conteúdo específico. Isso claramente traz à luz os perigos que ameaçam a religião quando da formalização da razão. Diferentemente do trabalho missionário no sentido tradicional, os ensinamentos neotomistas consistem não tanto em histórias e dogmas cristãos, mas em argumentos sobre por que crenças e modos de vida religiosos são aconselháveis em nossa situação presente. Tal abordagem pragmática, no entanto, afeta na verdade os conceitos religiosos que eles pareciam deixar intocados. A ontologia neotomista, feita sob medida, corrompe o núcleo

Eclipse da razão

das ideias que proclama. O fim religioso perverte-se em um meio mundano. O neotomismo está pouco preocupado com a crença na *Mater dolorosa* por si mesma — um conceito religioso que tem sido a inspiração de tantas grandes obras de arte e de poesia na Europa. Ele concentra-se na crença de que a crença é como um bom remédio para as dificuldades sociais e psicológicas do presente.

Decerto, não faltam esforços exegéticos devotados, por exemplo, à "sabedoria que é Maria". Mas há algo de artificial nesses esforços. Sua ingenuidade forçada está em contraste com o processo geral de formalização, que eles aceitam como um dado e que tem raízes, em última instância, na própria filosofia religiosa. Mesmo os escritos do cristianismo medieval, dos primórdios patrísticos em diante, particularmente aqueles de Tomás de Aquino, mostram uma forte disposição a formalizar os elementos básicos da fé cristã. Essa tendência pode ser remontada a um precedente tão augusto quanto a identificação de Cristo com o *logos*, no início do quarto Evangelho. As experiências genuínas dos primeiros cristãos foram subordinadas a propósitos racionais ao longo da história da Igreja. O trabalho de Tomás de Aquino marcou uma fase decisiva nesse desenvolvimento. A filosofia aristotélica, com seu empirismo inerente, tornou-se mais adequada à época que a especulação platônica.

Desde o próprio começo da história eclesiástica, o esclarecimento não foi de modo algum estranho à Igreja ou conduzido ao limbo da heresia, mas seguiu seu curso, em larga medida, dentro da Igreja. Tomás de Aquino ajudou a Igreja Católica a absorver o novo movimento científico reinterpretando os conteúdos da religião cristã pelos métodos liberais da analo-

Panaceias conflitantes

gia, da indução, da análise conceitual, da dedução de axiomas supostamente evidentes e por meio do uso de categorias aristotélicas, que, na sua época, ainda correspondiam ao nível alcançado pela ciência empírica. Seu enorme aparato conceitual, sua construção filosófica do cristianismo, deu à religião uma aparência de autonomia que a fez por muito tempo independente do progresso intelectual da sociedade urbana e, ainda assim, compatível com ele. Ele fez da doutrina católica a ferramenta mais valiosa para príncipes e para a classe burguesa. Tomás de Aquino foi, de fato, exitoso. Nos séculos seguintes, a sociedade estava disposta a confiar ao clero a administração daquele instrumento ideológico altamente desenvolvido.

No entanto, apesar do seu processamento ideológico da religião, a escolástica medieval não transformou a religião em mera ideologia. Embora de acordo com Tomás de Aquino os objetos da fé religiosa, como a Trindade, não possam ser ao mesmo tempo objetos da ciência, seu trabalho, que se aproxima de Aristóteles contra o platonismo, opôs-se aos esforços de conceber os dois domínios como sendo completamente heterogêneos. Para ele, as verdades da religião eram tão concretas quanto qualquer verdade científica. Essa confiança imperturbável no realismo do aparato escolástico racional foi destruída pelo Iluminismo. O tomismo tornou-se desde então uma teologia com má consciência, como claramente revelam as guinadas de suas versões filosóficas modernas. Hoje, seus defensores são obrigados a ponderar, de forma cuidadosa, sobre quantas afirmações cientificamente duvidosas as pessoas ainda estão dispostas a engolir. Eles parecem estar cientes de que os métodos indutivos de raciocínio, ainda importantes na ortodoxia aristotélica, devem ser deixados exclusivamente à

Eclipse da razão

pesquisa secular, a fim de manter a teologia estritamente afastada de investigações embaraçosas. Se o tomismo é impedido artificialmente de entrar em conflito, ou mesmo em interação, com a ciência moderna, tanto intelectuais quanto leigos podem aceitar a religião tal como o tomismo a promove.

Quanto mais o neotomismo retira-se ao domínio dos conceitos espirituais, mais se torna um serviçal de fins profanos. Na política, ele pode servir como sanção a todos os tipos de empreendimentos e, na vida cotidiana, é um remédio pronto. Hook e seus amigos estão corretos em argumentar que, tendo em vista os ambíguos fundamentos teóricos de seus dogmas, é apenas uma questão de tempo e de localização geográfica se eles serão usados para justificar políticas democráticas ou autoritárias.

O neotomismo, como qualquer outra filosofia dogmática, tenta deter o pensamento em um certo ponto, a fim de criar uma reserva para algum ser ou valor supremo, seja político ou religioso. Quanto mais dúbios tornam-se esses absolutos – e na era da razão formalizada eles tornaram-se de fato dúbios –, eles são com maior obstinação defendidos pelos seus partidários, cada vez menos escrupulosos em promover seus cultos por meios não puramente intelectuais – pelo recurso, se necessário, à espada tanto quanto à caneta. Pelo fato de os absolutos não serem convincentes por seus próprios méritos, eles precisam ser justificados por algum tipo de teoria atualizada. O esforço para essa justificação está refletido em um desejo quase espasmódico de excluir qualquer traço ambíguo, qualquer elemento maligno, do conceito assim glorificado – um desejo que é, no tomismo, difícil de reconciliar com a visão profética negativa dos condenados que devem sofrer torturas *"ut de his electi gaudeant, cum in his Dei justitiam contemplantur et dum se evasisse eas cognoscunt*".[5] Hoje, o ímpeto de estabelecer um princípio absoluto como um poder real, ou um poder real como o princípio absoluto, persiste; apenas quando o valor supremo é ao mesmo tempo o poder supremo, ele pode, aparentemente, ser considerado verdadeiramente absoluto.

Essa identidade da bondade, da perfeição, do poder e da realidade é inerente à filosofia europeia tradicional. Sempre a filosofia dos grupos que tiveram poder ou lutaram por ele, ela é abertamente defendida no aristotelismo e forma a espinha dorsal do tomismo, apesar da doutrina realmente profunda deste, segundo a qual o ser do absoluto pode ser chamado de ser apenas por analogia. Embora, de acordo com o Evangelho, Deus tenha sofrido e morrido, Ele é, de acordo com a filosofia de Tomás de Aquino,[6] incapaz de sofrer ou mudar. Por meio dessa doutrina, a filosofia católica oficial tentou escapar da contradição entre Deus como verdade última e como uma realidade. Ela concebeu uma realidade que não possui qualquer elemento negativo e que não está sujeita à mudança. Assim, a Igreja pôde manter a ideia de lei natural eterna fundada na estrutura básica do ser, uma ideia tão essencial na cultura ocidental. Mas a renúncia de um elemento negativo no absoluto e o dualismo daí resultante – Deus de um lado e um mundo pecaminoso de outro – implicaram um sacrifício arbitrário do intelecto. Dessa forma, a Igreja evitou a deterioração da religião

---

5 *Summa theologica*, pt.3, supl. "Porque os eleitos se alegram com isso, quando veem nisso a justiça divina e percebem que escaparam disso". Tomás de Aquino, v.XXI, p.204.

6 *Summa contra Gentiles*, v.I, p.16.

Eclipse da razão

e sua substituição por uma deificação panteística do processo histórico. Isso evitou os perigos do misticismo alemão e italiano que, introduzido pelo Mestre Eckhart, por Nicolau de Cusa e por Giordano Bruno, tentou superar o dualismo por meio do pensamento sem amarras.

O reconhecimento deles do elemento terreno em Deus provou ser um estímulo à ciência física — cujo objeto parecia estar justificado e mesmo santificado por essa inclusão no absoluto —, mas foi prejudicial à religião e ao equilíbrio intelectual. O misticismo começou fazendo Deus dependente do homem, como o homem dependia de Deus, e terminou, logicamente, com o anúncio da morte de Deus. O tomismo, no entanto, manteve a inteligência sob rígida disciplina. Ele deteve o pensamento diante de conceitos isolados e, portanto, contraditórios — Deus e o mundo, que estavam mecanicamente vinculados por um sistema hierárquico estático e, em última instância, irracional. A própria ideia de Deus torna-se autocontraditória: uma entidade que deve ser absoluta, mas que não inclui a mudança.

Os adversários do neotomismo justificadamente salientam que, cedo ou tarde, o dogmatismo leva o pensamento a um impasse. Mas não seria a doutrina neopositivista tão dogmática quanto a glorificação de qualquer absoluto? Eles tentam fazer-nos aceitar "uma filosofia de vida científica ou experimental na qual todos os valores são testados por suas causas e consequências".[7] Eles atribuem a responsabilidade pela crise intelectual do presente à "limitação da autoridade da ciência e à instituição de métodos outros que não aqueles da experimentação controlada para a descoberta da natureza e dos valores

---

7 Hook, The new failure of nerve, p.10.

Panaceias conflitantes

das coisas".[8] Lendo Hook, ninguém imagina que inimigos da humanidade, como Hitler, tenham de fato grande confiança nos métodos científicos ou que o Ministério da Propaganda alemão tenha usado sistematicamente a experimentação controlada, testando todos os valores "por suas causas e consequências". Como qualquer crença existente, a ciência pode servir às forças sociais as mais diabólicas, e o cientificismo não tem uma visão menos estreita que a religião militante. Nagel apenas revela a intolerância da sua doutrina quando afirma que qualquer esforço para limitar a autoridade da ciência é obviamente malicioso.

A ciência entra em terreno duvidoso quando reivindica um poder de censura, cujo exercício por outras instituições ela denunciou em seu passado revolucionário. Eruditos foram tomados pela ansiedade de que a autoridade científica fosse solapada, no momento mesmo em que a ciência tornou-se universalmente aceita e que tende até a ser repressiva. Os positivistas discriminariam qualquer tipo de pensamento que não se conformasse perfeitamente com o postulado da ciência organizada. Eles transpõem o princípio da reserva de mercado para mundo das ideias. A tendência monopolista geral avança até tragar o conceito teórico de verdade. Essa tendência e o conceito de um "livre mercado no mundo das ideias", advogado por Hook, não são tão antagônicos como ele acredita. Ambos refletem uma atitude empresarial em relação a temas do espírito, uma preocupação com o sucesso.

Longe de excluir a competição, a cultura industrial sempre organizou a pesquisa de forma competitiva. Ao mesmo tempo, essa pesquisa é estritamente supervisionada e feita para

---

8 Nagel, Malicious philosophies of science, p.41.

Eclipse da razão

adequar-se a padrões estabelecidos. Vemos aqui como o controle competitivo e o autoritário trabalham de mãos dadas. Tal cooperação é às vezes útil para um propósito limitado – por exemplo, para a produção da melhor comida para bebês, de superexplosivos e de métodos de propaganda; mas dificilmente se pode defender que contribua para o progresso do pensamento real. Não há distinção clara entre o liberalismo e o autoritarismo na ciência moderna. De fato, o liberalismo e o autoritarismo tendem a interagir de forma a dotar de um controle racional cada vez mais rígido as instituições de um mundo irracional.

Apesar de seu protesto diante da acusação de dogmatismo, o absolutismo científico, como o "obscurantismo" que ele ataca, precisa recorrer a princípios autoevidentes. A única diferença é que o neotomismo é ciente de tais pressuposições, enquanto o positivismo é completamente inocente quanto a isso. O que importa não é tanto que uma teoria possa apoiar-se em princípios autoevidentes – um dos problemas lógicos mais intrincados –, mas que o neopositivismo faça exatamente a mesma coisa que ataca em seus adversários. Enquanto mantém esse ataque, ele deve justificar seus próprios princípios últimos, sendo o mais importante deles o da identidade entre verdade e ciência. Deve esclarecer por que ele reconhece certos procedimentos como científicos. Essa é a questão filosófica que decidirá se a confiança no método científico, a solução de Hook para a ameaçante situação atual, é uma crença cega ou um princípio racional.

Os três artigos em questão não abordam esse problema. Mas há algumas indicações de como os positivistas o resolveriam. Hook aponta para uma diferença entre enunciados científicos e não científicos. A validade dos últimos, diz ele, é decidida por sentimentos pessoais, enquanto a dos julgamentos científicos "é estabelecida por métodos de verificação pública abertos a todos que se submetem a suas disciplinas".[9] O termo "disciplina" denota as regras codificadas nos manuais mais avançados e utilizadas com sucesso por cientistas nos laboratórios. Certamente, esses procedimentos são típicos das ideias contemporâneas de objetividade científica. Os positivistas, no entanto, parecem confundir tais procedimentos com a própria verdade. A ciência deveria esperar que o pensamento filosófico, como proposto por filósofos ou cientistas, desse conta da natureza da verdade, em vez de apenas promover a metodologia científica como a definição última de verdade. O positivismo esquiva-se do tema argumentando que a filosofia é meramente a classificação e a formalização de métodos científicos. Os postulados da crítica semântica, como o postulado do parentesco semântico ou o princípio da redução de enunciados complexos a proposições elementares, são apresentados como essa formalização. Ao negar a existência de uma filosofia autônoma e de um conceito filosófico de verdade, o positivismo entrega a ciência ao acaso dos desenvolvimentos históricos. Porque a ciência é um elemento do processo social, sua investidura como *arbiter veritatis* tornaria a própria verdade sujeita a padrões sociais variáveis. A sociedade seria destituída de qualquer meio intelectual de resistência a uma submissão que os críticos sociais sempre denunciaram.

É verdade que mesmo na Alemanha a noção de uma matemática e uma física nórdicas, e disparates similares, desempenhou um papel muito maior na propaganda política do que nas

---

9 Hook, The new failure of nerve, p.6.

Eclipse da razão

universidades; mas isso se deveu antes ao ímpeto da própria ciência e às necessidades de armamento da Alemanha do que a qualquer atitude da filosofia positivista, que, no final das contas, reflete o caráter da ciência em um dado estágio histórico. Se a ciência organizada tivesse capitulado completamente às exigências nórdicas e cristalizado uma metodologia consistente de acordo com ela, o positivismo, por fim, teria tido de aceitá-la, da mesma forma que em outro contexto aceitou os padrões da sociologia empírica moldados por necessidades administrativas e restrições convencionais. Ao fazer obedientemente da ciência a teoria da filosofia, o positivismo renega o próprio espírito da ciência.

Hook diz que sua filosofia "não descarta *a priori* a existência de entidades e forças sobrenaturais".[10] Se levarmos essa afirmação a sério, devemos esperar, sob algumas circunstâncias, a ressurreição das exatamente mesmas entidades ou talvez espíritos, cujo exorcismo está no âmago do pensamento científico como um todo. O positivismo teria de consentir tal recaída na mitologia.

Dewey indica outro meio de diferenciar a ciência que deve ser aceita da ciência que deve ser condenada: "o naturalista ('naturalismo' é usado para diferenciar as diferentes escolas positivistas dos protagonistas do supranaturalismo) é aquele que, por necessidade, tem respeito pelas conclusões da ciência natural".[11] Os positivistas modernos parecem inclinados a aceitar as ciências naturais, e em primeiro lugar a física, como modelo para os métodos corretos de pensamento. Talvez

---

10 Ibid., p.7.
11 Dewey, op.cit., p.26.

Dewey exponha o principal motivo para essa predileção irracional quando escreve: "Os métodos modernos de observação experimental têm forjado uma profunda transformação nos temas da astronomia, da física, da química e da biologia" e "a mudança nelas provocada tem exercido a mais profunda influência nas relações humanas".[12] É verdade que a ciência, como mil outros fatores, tem desempenhado certo papel na efetivação de mudanças históricas boas e más; mas isso não prova que a ciência seja o único poder pelo qual a humanidade pode ser salva. Se Dewey quer dizer que mudanças científicas geralmente levam a mudanças no sentido de uma ordem social melhor, ele interpreta mal a relação entre as forças econômicas, técnicas, políticas e ideológicas. As fábricas de morte na Europa lançam sobre as relações entre a ciência e o progresso cultural uma luz tão significativa quanto a fabricação de meias sintéticas.

Os positivistas reduzem a ciência aos procedimentos empregados na física e em seus ramos; eles negam o nome de ciência a todos esforços teóricos que não estiverem de acordo com o que eles abstraem da física como seus métodos legítimos. Deve-se observar aqui que a divisão de toda a verdade humana entre ciência e humanidades é ela própria um produto social que foi hipostasiado pela organização das universidades e, em última instância, por algumas escolas filosóficas, particularmente as de Rickert e Max Weber. O assim chamado mundo prático não tem lugar para a verdade e, por isso, divide-a para conformá-la à sua própria imagem: as ciências físicas são dotadas da chamada objetividade, mas esvaziadas de conteúdo humano;

---

12 Ibid.

Eclipse da razão

as humanidades preservam o conteúdo humano, mas apenas enquanto ideologia, à custa da verdade.

O dogmatismo dos positivistas torna-se óbvio se escrutinamos a legitimação última do seu princípio, embora eles devam considerar essa proposta completamente desprovida de sentido. Os positivistas alegam que os tomistas e todos os outros filósofos não positivistas utilizam meios irracionais, em especial, intuições não controladas por experimentação. Em contrapartida, defendem que suas próprias ideias são científicas, sustentando que sua cognição da ciência está baseada na observação da ciência; isto é, eles defendem tratar a ciência do mesmo modo como a ciência trata seu próprio objeto, pela observação experimentalmente verificável. Mas a questão crucial é a seguinte: como é possível determinar o que, com justeza, pode ser chamado de ciência e verdade, se a própria determinação pressupõe os métodos de obtenção da verdade científica? O mesmo círculo vicioso está presente em qualquer justificação do método científico pela observação da ciência: como se justifica o princípio da observação ele mesmo? Quando se requer uma justificação, quando alguém pergunta por que a observação é a garantia apropriada da verdade, os positivistas simplesmente apelam de novo à observação. Mas seus olhos estão fechados. Em vez de interromperem o funcionamento mecanizado da pesquisa, os mecanismos de coleta de dados, verificação, classificação etc., e refletirem sobre seus sentidos e sua relação com a verdade, os positivistas reiteram que a ciência procede pela observação e descrevem circunstancialmente como ela funciona. É claro que eles dirão que não é preocupação deles justificar ou provar o princípio da verificação – que querem apenas se expressar cientifica-

Panaceias conflitantes

mente. Em outras palavras, ao recusarem verificar seu próprio princípio – o de que nenhum enunciado é dotado de sentido a menos que seja verificado –, eles são culpados de *petitio principii*, de raciocínio circular.

Sem dúvida, a falácia lógica que está na própria raiz da atitude positivista apenas revela sua veneração da ciência institucionalizada. Não obstante, ela não deve ser ignorada, uma vez que os positivistas sempre se gabam do asseio e da pureza lógica de seus enunciados. O *impasse* a que a justificação última do princípio positivista da verificação empírica chega é um argumento contra os positivistas apenas porque eles consideram qualquer outro princípio filosófico como dogmático e irracional. Enquanto outros dogmáticos pelo menos tentam justificar seus princípios com base no que chamam de revelação, intuição ou evidencia primária, os positivistas tentam evitar a falácia utilizando tais métodos ingenuamente e denunciando aqueles que os utilizam deliberadamente.

Alguns metodologistas da ciência natural defendem que os axiomas básicos de uma ciência podem e devem ser arbitrários. Mas isso não é válido quando o sentido da ciência e da própria verdade, pela qual essa defesa deve ser justificada, está em questão. Mesmo os positivistas não podem presumir o que eles querem provar, a menos que interrompam toda discussão declarando que aqueles que não veem não são abençoados com a graça, o que, na linguagem deles, deve significar: as ideias que não se encaixam na lógica simbólica não têm sentido. Se a ciência deve ser a autoridade que se mantém firme contra o obscurantismo – e, ao demandar isso, os positivistas dão continuidade à grande tradição do humanismo e do Iluminismo –, os filósofos devem estabelecer um critério para a verdadeira

Eclipse da razão

natureza da ciência. A filosofia deve formular o conceito de ciência de um modo que expresse a resistência humana à recaída ameaçadora na mitologia e na loucura, em vez de estimular essa recaída formalizando a ciência e conformando-a às exigências da prática existente. Para ser a autoridade absoluta, a ciência deve ser justificada como um princípio intelectual, e não apenas deduzida de procedimentos empíricos para depois ser absolutizada como verdade com base no critério dogmático do sucesso científico.

É concebível que, a certa altura, a ciência possa ir além do método experimental. A validade de todos os sutis volumes do positivismo moderno que tratam da estrutura lógica da ciência seria então posta em xeque uma vez que seu sentido é estritamente empírico. Os positivistas confiam no sucesso da ciência como justificativa de seus métodos. Eles não se interessam em fundamentar seu próprio reconhecimento dos métodos científicos, tal como a experimentação, na intuição ou em qualquer princípio que poderia ser voltado contra a ciência como ela é exitosamente praticada e socialmente aceita. O aparato lógico em si, ao qual alguns positivistas referem-se como um princípio diferente do empirismo, não pode ser aqui invocado, pois os princípios lógicos orientadores de modo algum são considerados autoevidentes. Eles representam, como afirma Dewey, concordando com Peirce, "condições que foram certificadas durante a condução da investigação contínua para serem integradas em sua própria busca bem sucedida".[13] Esses princípios "são derivados do exame de métodos previamente usados".[14]

---

13 Logic, p.11.
14 Ibid., p.13.

Panaceias conflitantes

Não se vê como a filosofia justificaria a ideia de que esses princípios "são operacionalmente um *a priori* a respeito da investigação futura"[15] ou como dados derivados da observação poderiam ser usados para se opor a ilusões que se pretendem verdadeiras. No positivismo, a lógica, por mais formalista que se lhe possa conceber, é derivada de procedimentos empíricos, e as escolas que se autodenominam empiriocriticismo ou empirismo lógico revelam-se, na verdade, variedades do antigo empirismo sensualista. O que tem sido consistentemente afirmado a respeito do empirismo por pensadores tão antagônicos em suas opiniões como Platão e Leibniz, De Maistre, Emerson e Lenin vale também para seus seguidores modernos.

O empirismo abole os princípios pelos quais a ciência e o próprio empirismo poderiam ser justificados. A observação em si não é um princípio, mas um padrão de comportamento, um *modus procedendi*, que a qualquer momento pode levar à sua própria abolição. Se, a certa altura, a ciência alterasse seus métodos, e se a observação, como hoje praticada, não fosse mais observável, seria necessário modificar o princípio "filosófico" da observação e revisar a filosofia de acordo com essa modificação ou defender esse princípio como um dogma irracional. Essa fraqueza do positivismo é encoberta pelo pressuposto implícito dos positivistas de que os procedimentos empíricos gerais usados pela ciência correspondem naturalmente à razão e à verdade. Essa crença otimista é perfeitamente legítima para qualquer cientista engajado em pesquisa factual, não filosófica, mas para um filósofo ela parece a autoilusão de um absolutismo ingênuo. De certa forma, mesmo o dogmatismo irracional

---

15 Ibid., p.14.

Eclipse da razão

da igreja é mais racional que um racionalismo tão ardente que extrapola sua própria racionalidade. Um corpo oficial de cientistas, de acordo com a teoria positivista, é mais independente da razão que um corpo de cardeais, já que o último deve pelo menos fazer referência aos Evangelhos.

Os positivistas dizem, por um lado, que a ciência deveria falar por si mesma e, por outro, que a ciência é uma mera ferramenta e que ferramentas são inarticuladas, não obstante a grandeza de suas realizações. Gostem ou não os positivistas, a filosofia que eles ensinam consiste de ideias e é mais que uma ferramenta. De acordo com sua filosofia, as palavras, em vez de terem sentido, têm apenas função. O paradoxo de que o sentido de sua filosofia seja a carência de sentido poderia, de fato, servir como um excelente começo para o pensamento dialético. Mas, precisamente nesse ponto, sua filosofia é suspensa. Dewey parece sentir essa fraqueza quando afirma: "Até que os naturalistas tenham aplicado seus princípios e métodos à formulação de tópicos como a mente, a consciência, o eu etc., eles estarão em séria desvantagem".[16] É uma promessa vazia a de que algum dia o positivismo resolverá os problemas essenciais que, até agora, ele esteve muito ocupado para resolver. Não por acaso, o positivismo desenvolveu, após algumas declarações bem diretas de Carnap e outros em direção ao materialismo bruto, certa relutância em enfrentar esses temas delicados. A própria estrutura teórica e metodológica do neopositivismo impede que se faça justiça aos problemas indicados por "tópicos como a mente, a consciência, o eu etc.". Os positivistas não têm direito de desprezar o intuicionismo. Essas duas escolas antagônicas

---

16 Dewey, op. cit., p.28.

Panaceias conflitantes

sofrem da mesma deficiência: a certa altura, ambas bloqueiam o pensamento crítico com afirmações autoritárias, seja sobre a inteligência suprema, seja sobre a ciência como sua substituta.

Tanto o positivismo quanto o neotomismo são verdades limitadas, ignorantes da contradição inerente a seus princípios. Por consequência, ambos tentam assumir um papel despótico no reino do pensamento. Os positivistas negligenciam o fato de que sua deficiência é fundamental e atribuem sua ineficácia diante da crise intelectual do presente a certas omissões menores – por exemplo, a de não terem oferecido uma teoria plausível do valor. Hook afirma ser "competência da investigação científica avaliar" as demandas dos interesses constituídos na vida social, dos privilégios injustos, de qualquer coisa que se coloque como "uma classe nacional ou uma verdade racial".[17] Ele quer que os valores sejam testados. Nagel, do mesmo modo, declara que "todos os elementos da análise científica, a observação, a reconstrução imaginativa, a elaboração dialética de hipóteses e a verificação experimental, devem ser empregados".[18] Ele provavelmente tem em mente o teste das "causas e consequências" dos valores a que se refere Hook e quer dizer que devemos saber exatamente por que queremos algo e o que acontecerá se formos atrás desse algo – que os ideais e credos devem ser examinados cuidadosamente para que se saiba o que aconteceria se eles fossem postos em prática. Essa se tornou a função da ciência em relação aos valores, como definida por Max Weber, no fundo um positivista. Weber, no entanto, diferenciava claramente o conhecimento científico e

17 Ibid., p.5.
18 Ibid., p.57.

Eclipse da razão

os valores e não acreditava que a ciência experimental pudesse ela mesma superar os antagonismos sociais e a política. Mas é bastante alinhado com as ideias do positivismo reduzir aquilo que lhe escapa como "valores" a fatos e representar as coisas do espírito como reificadas, como um tipo de mercadoria especial ou bem cultural. O pensamento filosófico independente, crítico e negativo como ele é, deve colocar-se acima tanto do conceito de valores quanto da ideia da validade absoluta dos fatos.

Os positivistas apenas superficialmente escapam da fraqueza de nervos. Eles professam confiança. O que Dewey chama de inteligência organizada, acreditam eles, é a única agência que será capaz de resolver o problema de estabilidade social ou revolução. Esse otimismo, no entanto, oculta na verdade um derrotismo político maior que o pessimismo de Weber, que nem acreditava que os interesses das classes sociais poderiam ser reconciliados pela ciência.

A ciência moderna, como entendida pelos positivistas, diz respeito essencialmente a enunciados sobre fatos e, portanto, pressupõe a reificação da vida em geral e da percepção em particular. Ela olha para o mundo como um mundo de fatos e coisas, mas não chega a relacionar a transformação do mundo em fatos e coisas com o processo social. O próprio conceito de "fato" é um produto – um produto da alienação social; nele, o objeto abstrato da troca é concebido como um modelo para todos os objetos da experiência em uma dada categoria. A tarefa da reflexão crítica é não apenas a de entender os diferentes fatos em seu desenvolvimento histórico – e mesmo isso tem implicações imensuravelmente mais amplas do que a escolástica positivista jamais sonhou –, mas também a de ver através da própria noção de fato, em seu desenvolvimento e, portanto,

Panaceias conflitantes

em sua relatividade. Os chamados fatos estabelecidos por métodos quantitativos, que os positivistas tendem a encarar como os únicos fatos científicos, são frequentemente fenômenos superficiais que obscurecem em vez de revelarem a realidade subjacente. Um conceito não pode ser aceito como medida de verdade se o ideal de verdade a que ele serve pressupõe, em si, processos sociais que o pensamento não pode aceitar como absolutos. A clivagem mecânica entre a origem e a coisa é um dos pontos cegos do pensamento dogmático, e corrigir isso é uma das mais importantes tarefas da filosofia que não confunde a forma gélida da realidade com uma lei da verdade.

Ao identificar cognição e ciência, o positivismo restringe a inteligência às funções necessárias à organização do material já padronizado de acordo com a própria cultura comercial que a inteligência deveria criticar. Essa restrição faz da inteligência um serviçal do aparato de produção, e não sua senhora, como Hook e seus colegas positivistas gostariam que fosse. O conteúdo, os métodos e as categorias da ciência não estão acima dos conflitos sociais, nem são esses conflitos de tal natureza que as pessoas concordariam com experimentações ilimitadas a respeito de valores básicos apenas para endireitá-los. Apenas sob condições idealmente harmoniosas mudanças históricas progressistas poderiam ser conduzidas pela autoridade da ciência. Os positivistas podem estar bem cientes desse fato, mas não enfrentam seu corolário, o de que a ciência tem uma função relativa, determinada pela teoria filosófica. Os positivistas são tão ultraidealistas em seu juízo da prática social quanto ultrarrealistas em seu desprezo pela teoria. Se a teoria é reduzida a um mero instrumento, todos os meios teóricos para transcender a realidade tornam-se um disparate metafísico. Por

Eclipse da razão

meio da mesma distorção, a realidade, assim glorificada, é concebida como desprovida de todo caráter objetivo que poderia, por sua lógica interna, levar a uma realidade melhor.

Enquanto a sociedade for o que é, parece mais proveitoso e honesto encarar o antagonismo entre teoria e prática, em vez de obscurecê-lo no conceito de uma inteligência organizada em funcionamento. Essa hipóstase idealista e irracional está mais próxima do *Weltgeist* de Hegel do que pensam seus críticos capciosos. Dá-se à sua própria ciência absoluta uma aparência de verdade, enquanto a ciência é, de fato, apenas um elemento da verdade. Na filosofia positivista, a ciência tem traços de um espírito santo até mais fortes do que o *Weltgeist*, que, seguindo a tradição do misticismo alemão, inclui explicitamente todos os elementos negativos da história. Não está claro se o conceito de inteligência de Hook implica na previsão definida de que da experimentação resultará a harmonia social, mas o certo é que a confiança em testes científicos a respeito dos assim chamados valores depende de uma teoria intelectualista da mudança social.

Em sua filosofia moral, os positivistas, epígonos do Iluminismo do século XVIII, revelam-se discípulos de Sócrates, que ensinou que o conhecimento necessariamente produz virtude, da mesma forma que a ignorância implica necessariamente em maldade. Sócrates tentou emancipar a virtude da religião. Mais tarde, essa teoria foi sustentada por Pelágio, o monge britânico, que duvidou que a graça fosse uma condição para a perfeição moral e defendeu que a doutrina e a lei eram seus fundamentos. Os positivistas provavelmente repudiariam essa sua augusta ascendência. No nível pré-filosófico, eles certamente subscreveriam a experiência comum de que pessoas

Panaceias conflitantes

bem informadas muitas vezes cometem erros. Mas se é assim, por que esperar salvação intelectual na filosofia, simplesmente por meio de informações mais exaustivas? Essa expectativa faz sentido apenas se os positivistas sustentam a equação socrática entre conhecimento e virtude ou algum princípio racionalista similar. A atual controvérsia entre os profetas da observação e aqueles da autoevidência é uma forma atenuada da disputa de quinze séculos atrás sobre a *gratia inspirationis*. Os pelagianos modernos posicionam-se contra os neotomistas como seu protótipo posicionava-se contra Santo Agostinho.

Não é de modo algum a dubiedade da antropologia materialista o que faz do positivismo uma filosofia pobre; é, antes, a falta de autorreflexão, sua incapacidade de entender suas próprias implicações filosóficas, tanto na ética quanto na epistemologia. É isso que torna sua tese apenas outra panaceia, corajosamente defendida, mas fútil por causa de sua abstração e primitivismo. O neopositivismo insiste inflexivelmente na interconexão ininterrupta das sentenças, na completa subordinação de cada elemento do pensamento às regras abstratas da teoria científica. Mas os fundamentos de sua própria filosofia são dispostos de maneira incoerente. Encarando desdenhosamente muitos dos maiores sistemas filosóficos do passado, eles parecem pensar que as longas sequências de pensamentos empiricamente inverificáveis contidas naqueles sistemas são mais incertas, supersticiosas, sem sentido, em uma palavra, mais "metafísicas", do que seus próprios pressupostos relativamente isolados, que são simplesmente aceitos como óbvios e que constituem a base de sua relação intelectual com o mundo. A preferência por palavras e sentenças descomplicadas, que podem ser agrupadas de relance, é uma das tendências anti-

Eclipse da razão

-intelectuais e anti-humanistas aparentes no desenvolvimento da linguagem moderna, tanto quanto na vida cultural em geral. É um sintoma daquela mesma fraqueza de nervos contra a qual o positivismo diz lutar.

A afirmação de que o princípio positivista tem maior afinidade com as ideias humanistas de liberdade e de justiça do que outras filosofias é um erro quase tão grave quanto a pretensão similar dos tomistas. Muitos dos representantes do positivismo moderno trabalham para a realização dessas ideias. Mas seu próprio amor pela liberdade parece fortalecer sua hostilidade em relação ao seu veículo, o pensamento teórico. Eles identificam o cientificismo com o interesse pela humanidade. No entanto, a aparência superficial ou mesmo a tese de uma doutrina raramente oferece uma pista do papel que ela desempenha na sociedade. O código draconiano, que passa a impressão de uma severidade sanguinária, foi uma das maiores forças da civilização. Inversamente, negando seu próprio conteúdo e sentido, a doutrina de Cristo, das cruzadas à colonização moderna, associou-se à crueldade sangrenta. Os positivistas seriam, de fato, melhores filósofos se percebessem a contradição entre qualquer ideia filosófica e a realidade social e, portanto, enfatizassem as consequências antimoralizantes do seu próprio princípio, como fizeram os espíritos esclarecidos mais consistentes, como Mandeville e Nietzsche, que não insistiram em uma compatibilidade fácil de suas filosofias com as ideologias oficiais, progressistas ou reacionárias. De fato, a negação dessa harmonia constitui o núcleo de suas obras.

O crime dos intelectuais modernos contra a sociedade está não tanto no seu distanciamento, mas no sacrifício das contradições e complexidades do pensamento às exigências do assim

Panaceias conflitantes

chamado senso comum. A habilmente processada mentalidade deste século conserva a hostilidade do homem das cavernas em relação ao estranho. Isso se expressa não apenas no ódio àqueles que têm uma pele de cor diferente ou vestem uma roupa diferente, mas também ao pensamento estranho e inusual, ou mesmo ao pensamento em si, quando ele segue a verdade para além das fronteiras delimitadas pelas exigências de uma dada ordem social. O pensamento hoje é demasiadas vezes compelido a justificar-se pela sua utilidade para algum grupo estabelecido, e não pela sua verdade. Mesmo se a revolta contra a miséria e a frustração puder ser descoberta como um elemento em cada obra coerente do pensamento, a instrumentalidade em operar reformas não constitui um critério de verdade.

O mérito do positivismo consiste em ter levado a luta do Iluminismo contra as mitologias para os domínios sagrados da lógica tradicional. No entanto, como os mitólogos modernos, os positivistas podem ser acusados de servir a um propósito, em vez de abandonar qualquer propósito em favor da verdade. Os idealistas glorificaram a cultura comercial atribuindo a ela um sentido mais elevado. Os positivistas glorificam-na adotando o princípio dessa cultura como medida da verdade, de uma maneira não diferente daquela pela qual a arte e a literatura populares modernas glorificam a vida como ela é – não por meio da idealização ou da interpretação elevada, mas simplesmente a repetindo no quadro, no palco e na tela. O neotomismo fracassa como projeto democrático não porque – como os positivistas teriam argumentado – suas ideias e valores não foram suficientemente testados de acordo com as condições dominantes. Tampouco porque o neotomismo retardaria o uso dos "únicos métodos por meio dos quais o en-

Eclipse da razão

tendimento das relações sociais, e a consequente capacidade de orientá-las, pode ser atingido";[19] o catolicismo é conhecido por tais métodos. O tomismo fracassa porque é uma meia-verdade. Em vez de desenvolver seus ensinamentos sem se preocuparem com sua utilidade, seus especialistas em propaganda sempre os adaptaram às exigências mutáveis das forças sociais dominantes. Em anos recentes, eles também os adaptaram aos usos do autoritarismo moderno, contra o qual, apesar de sua presente derrota, o futuro ainda tem de ser salvaguardado. O fracasso do tomismo deve-se à sua pronta aquiescência a finalidades pragmáticas e não à sua falta de praticidade. Quando uma doutrina hipostasia um princípio isolado que exclui a negação, ela está paradoxalmente se predispondo ao conformismo.

Como todas as ideias e todos os sistemas que, oferecendo definições claras de verdade e princípios orientadores, tendem a dominar a cena cultural por um tempo, ambos o neotomismo e o neopositivismo atribuem todos os males a doutrinas antitéticas às suas. As acusações variam de acordo com as formas políticas dominantes. No século XIX, quando naturalistas como Ernst Haeckel acusavam a filosofia cristã de enfraquecer o moral nacional com veneno sobrenatural, filósofos cristãos lançavam de volta a.mesma censura ao naturalismo. Hoje, as escolas em oposição neste país acusam-se reciprocamente de solapar o espírito democrático. Tentam reforçar seus respectivos argumentos por meio de duvidosas excursões pelo domínio da história. É claro que é difícil ser justo com o tomismo, que pretende ser um pioneiro da liberdade, mas que raramente falhou em dar uma mão à opressão, onde quer que a opressão esteve inclinada a abraçar a Igreja.

---

19 Ibid., p.27.

Panaceias conflitantes

A alusão de Dewey à posição reacionária da religião em relação ao darwinismo não conta realmente toda a história. O conceito de progresso expresso nessas teorias biológicas necessita de muita elaboração e não deve demorar muito para que os positivistas juntem-se aos tomistas em sua crítica. Muitas vezes na história da civilização ocidental, a Igreja Católica e seus grandes mestres auxiliaram a ciência a emancipar-se da superstição e do charlatanismo. Dewey parece pensar que foram particularmente pessoas de fé religiosa que se opuseram ao espírito científico. Esse é um problema intrincado; mas quando, sobre essa relação, Dewey cita "o historiador das ideais",[20] o último deveria lembrá-lo que a ascensão da ciência europeia seria, no fim das contas, impensável sem a Igreja. Os Padres da Igreja levaram a cabo uma implacável luta contra todos os tipos de "fraqueza de nervos", como a astrologia, o ocultismo e o espiritualismo, frente aos quais alguns filósofos positivistas da nossa época provaram ser menos imunes que Tertuliano, Hipólito e Santo Agostinho.

A relação da Igreja Católica com a ciência varia segundo a Igreja esteja aliada com poderes progressistas ou reacionários. Enquanto a Inquisição espanhola ajudou uma corte podre a asfixiar quaisquer reformas econômicas e sociais sensatas, alguns papas cultivaram relações com o movimento humanista em todo o mundo. Os inimigos de Galileu tiveram dificuldade de solapar sua amizade com Urbano VIII e o eventual sucesso deles pode ser atribuído às excursões de Galileu ao domínio da teologia e da epistemologia, e não necessariamente às suas visões científicas. Vincent de Beauvais, o maior enciclopedista

---

20 Ibid., p.31.

Eclipse da razão

medieval, referia-se à terra como um ponto no universo. O próprio Urbano parece ter considerado a teoria de Copérnico como uma hipótese válida. O que a Igreja temia não era a ciência natural em si; era bem possível chegar a um acordo com a ciência. No caso de Galileu, ela tinha dúvidas quanto às provas oferecidas por Copérnico e Galileu; portanto, podia pelo menos alegar que sua posição estava baseada na defesa da racionalidade contra conclusões apressadas. A intriga certamente desempenhou um grande papel na condenação de Galileu. Mas um *advocatus diaboli* poderia muito bem dizer que a relutância de certos cardeais em aceitar a doutrina de Galileu deveu-se à suspeita de que esta era pseudocientífica, como a astrologia ou a teoria racial hoje. Em vez de uma espécie qualquer de empirismo ou ceticismo, os pensadores católicos aderiram a uma doutrina do homem e da natureza contida no Antigo e no Novo Testamentos. Oferecendo certa proteção contra a superstição disfarçada de ciência ou de outras coisas, essa doutrina poderia ter evitado que a Igreja fosse condescendente com a multidão sanguinária que afirmava haver testemunhado feitiçarias. Ela não tinha de render-se à maioria, como o fazem os demagogos que defendem que "o povo está sempre certo" e que com frequência usam esse princípio para solapar as instituições democráticas. Ainda assim, sua participação na queima às bruxas, o sangue em seu brasão, não prova sua oposição à ciência. No fim das contas, se William James e F.C.S. Schiller poderiam estar enganados sobre fantasmas, a Igreja poderia estar enganada sobre bruxas. O que as fogueiras na verdade revelam é uma dúvida implícita sobre sua própria fé. Os torturadores eclesiásticos frequentemente deram prova de sua má consciência, como na tolice de que quando um homem é queimado preso a uma estaca não derrama sangue.

Panaceias conflitantes

O maior defeito do tomismo não é peculiar à sua versão moderna. Ele remonta ao próprio Tomás de Aquino, até mesmo a Aristóteles. Esse defeito consiste em tomar a verdade e a bondade como idênticas à realidade. Ambos, os positivistas e os tomistas, parecem sentir que a adaptação do homem àquilo que eles chamam de realidade seria uma saída para o *impasse* presente. A análise crítica desse conformismo provavelmente traria à luz o fundamento comum das duas escolas de pensamento: ambas aceitam como um padrão de comportamento uma ordem na qual o fracasso ou o sucesso – temporal ou envolvendo o além-mundo – desempenha um papel essencial. Pode-se dizer que esse duvidoso princípio que adapta a humanidade àquilo que a teoria reconhece como realidade está na raiz da decadência intelectual do presente. Em nossos dias, o frenético desejo que as pessoas têm de se adaptar a algo que tem o poder de ser, seja isso chamado de fato ou de *ens rationale*, tem levado a um estado de racionalidade irracional. Nesta era da razão formalizada, as doutrinas sucedem-se tão rapidamente que cada uma é vista apenas como outra ideologia, ainda que seja usada como razão temporária para a repressão e a discriminação.

No passado, o humanismo sonhou unir a humanidade dotando-a de um entendimento comum de sua destinação. Ele pensava que poderia construir uma boa sociedade por meio da crítica teórica da prática contemporânea, que então se deslocaria para a atividade política correta. Isso parece ter sido uma ilusão. Hoje, as palavras deveriam ser receitas prontas para a ação. As pessoas pensam que as exigências do ser devem ser reforçadas pela filosofia, serviçal desse ser. Essa é mais uma ilusão, compartilhada pelo positivismo e pelo neotomismo. O ditame positivista de conformar-se aos fatos e ao senso comum, e não

Eclipse da razão

a ideias utópicas, não é tão diferente do chamado para obedecer a realidade como interpretada por instituições religiosas, que, no fim das contas, são também fatos. Sem dúvida, cada campo expressa uma verdade, sob a distorção de torná-la exclusiva. O positivismo leva sua crítica do dogmatismo ao ponto de invalidar o princípio de verdade, apenas em nome do qual a crítica faz sentido. O neotomismo sustenta o princípio de modo tão rígido que a verdade acaba por transformar-se em seu oposto. Ambas as escolas têm caráter heterônomo. Uma tende a substituir a razão autônoma pelo automatismo da metodologia ultramoderna, a outra pela autoridade de um dogma.

III
A revolta da natureza

Se a razão é declarada incapaz de determinar os fins últimos da vida e deve contentar-se em reduzir tudo o que encontra a uma mera ferramenta, sua única finalidade remanescente é a simples perpetuação de sua atividade coordenadora. Essa atividade era outrora atribuída ao "sujeito" autônomo. No entanto, o processo de subjetivação afetou todas as categorias filosóficas: ele não as relativizou e as preservou em uma unidade de pensamento mais bem estruturada, mas reduziu-as ao *status* de fatos a serem catalogados. Isso também é verdadeiro para a categoria de sujeito. A filosofia dialética desde os tempos de Kant tentou preservar a herança do transcendentalismo crítico, sobretudo o princípio de que os traços e as categorias fundamentais do nosso entendimento do mundo dependem de fatores subjetivos. A consciência da tarefa de seguir os conceitos até suas origens subjetivas deve estar presente em cada passo da definição do objeto. Isso vale para ideias básicas como o fato, o evento, a coisa, o objeto, a natureza, tanto quanto para relações psicológicas ou sociológicas. Desde os tempos de Kant, o idealismo jamais esqueceu essa exigência da filosofia crítica.

Eclipse da razão

Mesmo os neohegelianos da escola espiritualista viam no eu [*self*] "a forma mais alta de experiência que temos, mas [...] não uma forma verdadeira",[1] pois a própria ideia de sujeito é um conceito isolado que deve ser relativizado pelo pensamento filosófico. Mas Dewey, que às vezes parece juntar-se a Bradley na elevação da experiência à posição mais alta na metafísica, declara que "o eu ou o sujeito da experiência é parte e parcela do curso dos eventos".[2] De acordo com ele, "o organismo – o eu, o 'sujeito' da ação – é um fator *dentro* da experiência".[3] Ele reifica o sujeito. No entanto, quanto mais toda a natureza é vista como "uma confusão de coisas variadas"[4] (uma "confusão" certamente apenas porque a estrutura da natureza não corresponde ao uso humano), como meros objetos em relação aos sujeitos humanos, tanto mais o sujeito outrora supostamente autônomo é esvaziado de qualquer conteúdo, até finalmente tornar-se um mero nome que nada denomina. A transformação total de todos os domínios do ser em um campo de meios leva à liquidação do sujeito que deveria fazer uso deles. Isso dá à moderna sociedade industrial seu aspecto niilista. A subjetivação, que exalta o sujeito, também o arruína.

O ser humano, no processo de sua emancipação, partilha o destino do resto do seu mundo. A dominação da natureza envolve a dominação do homem. Cada sujeito não apenas tem de tomar parte na sujeição da natureza externa, humana e não humana, mas, a fim de fazê-lo, deve sujeitar a natureza nele

---

1 Bradley, *Appearance and Reality*, p.103.
2 Dewey et al., *Creative Intelligence*, p.59.
3 Dewey, *The Philosophy of John Dewey*, v.I, p.532.
4 Costello, The Naturalism of Frederick Woodbridge, *Naturalism and the Human Spirit,* p.299.

mesmo. A dominação torna-se "internalizada" pelo bem da própria dominação. O que é geralmente indicado como uma finalidade – a felicidade do indivíduo, a saúde e a riqueza – ganha sentido exclusivamente por sua potencialidade funcional. Esses termos designam condições favoráveis para a produção intelectual e material. Portanto, a autorrenúncia do indivíduo na sociedade industrial não tem qualquer finalidade que transcenda a sociedade industrial. Tal abnegação gera uma racionalidade com referência a meios e uma irracionalidade com referência à existência humana. A sociedade e suas instituições, não menos que o próprio indivíduo, trazem a marca dessa discrepância. Uma vez que a sujeição da natureza, dentro e fora do homem, avança sem um motivo significativo, a natureza não é realmente transcendida ou reconciliada, mas apenas reprimida.

A resistência e a repulsa que surgem dessa repressão da natureza têm assolado a civilização desde seus primórdios, tanto na forma de rebeliões sociais – como nas insurreições espontâneas de camponeses no século XVI ou nas revoltas raciais inteligentemente planejadas dos nossos dias – quanto na forma do crime individual e da perturbação mental. Típica da nossa era presente é a manipulação dessa revolta pelas próprias forças dominantes da civilização, o uso da revolta como um meio de perpetuação das próprias condições que a suscitam e contra as quais ela é direcionada. A civilização como uma irracionalidade racionalizada integra a revolta da natureza como outro meio ou instrumento.

Cabe aqui uma discussão sobre alguns aspectos desse mecanismo, como, por exemplo, a situação do homem em uma cultura de autopreservação como um fim em si; a internalização da dominação pelo desenvolvimento do sujeito abstrato, o

Eclipse da razão

ego; a inversão dialética do princípio de dominação, pela qual o homem faz de si mesmo uma ferramenta daquela mesma natureza por ele subjugada; o impulso mimético reprimido, como uma força destrutiva explorada pelos sistemas mais radicais de dominação social. Entre as correntes intelectuais que são sintomáticas da interconexão entre o domínio e a revolta, o darwinismo será discutido como um exemplo, não porque faltem ilustrações filosóficas mais típicas da identidade entre a dominação do homem sobre a natureza e sua submissão a ela, mas porque o darwinismo é um dos marcos do esclarecimento popular que apontou o caminho, com inelutável lógica, para a situação cultural do presente.

Um dos fatores da civilização pode ser descrito como a substituição gradual da seleção natural pela ação racional. A sobrevivência – ou, digamos, o sucesso – depende da adaptabilidade do indivíduo às pressões que a sociedade exerce sobre ele. Para sobreviver, o homem transforma-se em um aparato que responde, a cada momento, com a reação apropriada às situações desconcertantes e difíceis que conformam sua vida. Todos devem estar prontos para lidar com qualquer situação. Esse não é, por certo, um traço característico apenas da era moderna; ele tem operado durante toda a história da humanidade. No entanto, os recursos intelectuais e psicológicos do indivíduo têm variado de acordo com os meios de produção material. A vida de um camponês ou artesão holandês no século XVII ou de um pequeno comerciante no século XVIII era certamente muito menos segura do que a vida de um trabalhador hoje. Mas a emergência do industrialismo trouxe consigo fenômenos qualitativamente novos. O processo de ajustamento tornou-se agora deliberado e, portanto, total.

A revolta da natureza

Da mesma forma como toda a vida tende hoje, cada vez mais, a ser sujeitada à racionalização e à planificação, também a vida de cada indivíduo, incluindo seus impulsos mais ocultos, que constituíam antes seu domínio privado, deve agora levar em conta as demandas da racionalização e da planificação: a autopreservação do indivíduo pressupõe seu ajustamento às exigências de preservação do sistema. Ele já não tem espaço para evadir-se do sistema. E da mesma forma como o processo de racionalização já não resulta de forças anônimas do mercado, mas é decidido na consciência de uma minoria planificadora, também a massa de sujeitos deve deliberadamente se ajustar: o sujeito deve, por assim dizer, devotar todas as suas energias para estar "no e para o movimento das coisas",[5] nos termos da definição pragmática. Antes, a realidade era oposta ao ideal, elaborado pelo indivíduo supostamente autônomo, e confrontava-o. Hoje, essas ideologias são questionadas e deixadas de lado pelo pensamento progressista, que assim facilita inadvertidamente a elevação da realidade ao *status* de ideal. O ajustamento torna-se, portanto, o padrão de todo tipo concebível de comportamento subjetivo. O triunfo da razão subjetiva, formalizada, é também o triunfo de uma realidade que confronta o sujeito como algo absoluto, um poder esmagador.

O modo de produção contemporâneo demanda mais flexibilidade do que nunca. A maior iniciativa necessária em praticamente todos os momentos da vida pede uma maior adaptabilidade a condições cambiantes. Se um artesão medieval pudesse adotar outro ofício, sua mudança teria sido mais radical do que a de uma pessoa que hoje se tornasse, sucessivamente, um

---

5 Dewey, *Creative Intelligence.*

Eclipse da razão

mecânico, um vendedor e um diretor de companhia de seguros. A cada vez maior uniformidade dos processos técnicos torna mais fácil para os homens mudarem de emprego. Mas a maior facilidade de transição de uma atividade a outra não significa que mais tempo é deixado para a especulação ou para desviar-se dos padrões estabelecidos. Quanto mais dispositivos inventamos para dominar a natureza, mais devemos a eles servir se queremos sobreviver.

O homem tornou-se gradualmente menos dependente de padrões absolutos de conduta, de ideais universalmente vinculantes. Ele é considerado tão completamente livre que não precisa de qualquer padrão a não ser o seu próprio. Paradoxalmente, no entanto, esse aumento de independência levou a um paralelo aumento de passividade. Por mais perspicazes que se tenham tornado os cálculos do homem em relação a seus meios, sua escolha dos fins, que era antes correlata da crença em uma verdade objetiva, tornou-se torpe: o indivíduo, purificado de todos os resquícios de mitologias, inclusive da mitologia da razão objetiva, reage automaticamente de acordo com padrões gerais de adaptação. As forças econômicas e sociais tomam o caráter de poderes naturais cegos que o homem, a fim de preservar-se, deve dominar, ajustando-se a eles. Como resultado final do processo, temos, por um lado, o eu, o ego abstrato esvaziado de toda substância, exceto de seu intento de transformar tudo no céu e na terra em meios para sua preservação, e, por outro, uma natureza vazia degradada a mero material, mera coisa a ser dominada, sem qualquer propósito que não a própria dominação.

Para o homem comum, a autopreservação tornou-se dependente da velocidade dos seus reflexos. A própria razão torna-se

A revolta da natureza

idêntica a essa faculdade de ajustamento. Aparentenmente o homem do presente pode fazer escolhas de modo muito mais livre do que seus ancestrais e, em um certo sentido, ele pode. Sua liberdade cresceu extraordinariamente com o crescimento das potencialidades produtivas. Em termos de quantidade, um trabalhador moderno possui uma gama de bens consumíveis muito mais ampla que um nobre do *ancien régime*. A importância desse desenvolvimento histórico não deve ser subestimada; mas, antes de interpretar a multiplicação das escolhas como um aumento de liberdade, como fazem os entusiastas da linha de produção, devemos levar em conta a pressão inseparável desse aumento e a mudança qualitativa que é concomitante a esse novo tipo de escolha. A pressão consiste na coerção contínua que as condições sociais modernas exercem sobre todos; a mudança pode ser ilustrada pela diferença entre um artesão do velho tipo, que selecionava a ferramenta apropriada para um trabalho delicado, e o trabalhador de hoje, que deve decidir rapidamente qual das várias alavancas e interruptores deve pressionar. Graus diferentes de liberdade estão envolvidos em montar um cavalo e dirigir um automóvel moderno. Além do fato de que o automóvel está disponível para uma percentagem muito maior da população do que estava a carruagem, o automóvel é mais rápido e mais eficiente, necessita de menos cuidados e é, talvez, mais manejável. No entanto, o acréscimo de liberdade trouxe uma mudança no caráter da liberdade. É como se quem dirigisse o carro fossem as inúmeras leis, regulações e direções que temos de respeitar, não nós. Há limites de velocidade, avisos para dirigir devagar, para parar, para permanecer em certas faixas e até diagramas mostrando a forma da curva à frente. Devemos manter nossos olhos na estrada e estar prontos, a

Eclipse da razão

cada momento, para reagir com o movimento correto. Nossa espontaneidade foi substituída por uma moldura mental que nos compele a descartar qualquer emoção ou ideia que poderia prejudicar nossa atenção às exigências impessoais que nos assaltam.

A mudança ilustrada por esse exemplo vale para a maioria dos ramos da nossa cultura. Basta comparar os métodos de persuasão utilizados pelos homens de negócios à moda antiga com aqueles da moderna publicidade – gritantes anúncios de neon, cartazes colossais, alto-falantes ensurdecedores. Por detrás do linguajar infantil dos *slogans*, para quem nada é sagrado, existe um texto invisível proclamando o poder dos interesses industriais capazes de pagar por essa estupidez luxuosa. De fato, as taxas de adesão e as contribuições pagas a essa fraternidade empresarial são tão altas que o iniciante modesto está derrotado antes mesmo de começar. O texto invisível proclama também as conexões e os acordos entre as companhias dominantes e, por fim, o poder concentrado do aparato econômico como um todo.

Embora seja dada ao consumidor, por assim dizer, a possibilidade de escolha, ele jamais sai em vantagem, seja qual for a marca que prefira comprar. A diferença de qualidade entre dois artigos populares de mesmo preço é normalmente tão infinitesimal quanto a diferença entre a nicotina presente em duas marcas de cigarro. Não obstante, essa diferença, corroborada por "testes científicos", é martelada na cabeça dos consumidores por meio de pôsteres iluminados por milhares de lâmpadas, do rádio e pelo uso de páginas inteiras de jornais e revistas, como se representasse uma revelação que altera todo o curso do mundo, e não uma fração ilusória que não faz qual-

A revolta da natureza

quer diferença, sequer para um fumante inveterado. As pessoas podem, de algum modo, ler nas entrelinhas dessa linguagem de poder. Eles entendem e ajustam-se.

Na Alemanha nacional-socialista, os diferentes impérios econômicos concorrentes formaram uma frente comum contra o povo, sob o manto da *Volksgemeinschaft*, e renunciaram a suas diferenças superficiais. Mas, ao terem sido sujeitadas a uma massa contínua de propaganda, as pessoas estavam preparadas para se adaptar passivamente às novas relações de poder, para se permitir somente o tipo de reação que as tornava aptas a ajustar-se às condições econômicas, sociais e políticas. Antes de os alemães aprenderem a viver sem independência política, eles aprenderam a encarar as formas de governo como apenas outro padrão ao qual deveriam adaptar-se, da mesma forma como haviam adaptado suas reações à máquina na fábrica ou às normas da estrada. Como dito antes, a necessidade de ajustamento por certo existiu também no passado; a diferença está no *tempo* da conformidade, no grau em que essa atitude permeou todo o ser das pessoas e alterou a natureza da liberdade conquistada. Acima de tudo, está no fato de que a humanidade moderna capitula a esse processo não como uma criança que tem uma confiança natural na autoridade, mas como um adulto que abre mão da individualidade já adquirida. A vitória da civilização é demasiado completa para ser verdadeira. Logo, ajustar-se, em nossa época, envolve um elemento de ressentimento e fúria suprimida.

Intelectualmente, o homem moderno é menos hipócrita do que seus antepassados do século XIX, que disfarçavam as práticas materialistas da sociedade com piedosas frases sobre idealismo. Hoje, ninguém mais cai nesse tipo de hipocrisia.

Eclipse da razão

Mas não porque a contradição entre frases ressonantes e a realidade tenha sido abolida. A contradição apenas se tornou institucionalizada. A hipocrisia tornou-se cínica; sequer se espera que se acredite nela. A mesma voz que prega sobre as coisas mais elevadas da vida, como a arte, a amizade ou a religião, exorta o ouvinte a escolher uma dada marca de sabão. Panfletos sobre como melhorar seu discurso, como entender de música, como ser salvo são escritos no mesmo estilo daqueles exaltando as vantagens dos laxantes. De fato, um redator especialista poderia ter escrito qualquer um deles. Na altamente desenvolvida divisão do trabalho, a expressão tornou-se um instrumento usado por técnicos a serviço da indústria. Um aspirante a autor pode ir a uma escola e aprender tantas combinações quantas se possa obter de uma lista estabelecida de enredos. Esses esquemas foram coordenados, até certo grau, com os requisitos de outras agências da cultura de massa, particularmente aqueles da indústria cinematográfica. Um romance é escrito tendo-se em mente suas possibilidades de tornar-se um filme; uma sinfonia ou uma poesia é composta com um olho em seu valor publicitário. Antes, o esforço da arte, da literatura e da filosofia era o de expressar o sentido das coisas e da vida, de ser a voz de tudo aquilo que é mudo, de dotar a natureza de um órgão que tornasse conhecido seus sofrimentos ou, podemos dizer, de chamar a realidade pelo seu nome de direito. Hoje, a língua da natureza foi afastada. Antes, pensava-se que cada declaração, palavra, grito ou gesto tinha um sentido intrínseco; hoje, é apenas um acontecimento banal.

A história do menino que olhou para o céu e perguntou — "Papai, a lua faz propaganda do quê?" — é uma alegoria do que tem acontecido com a relação entre o homem e a natureza na

A revolta da natureza

era da razão formalizada. Por um lado, a natureza foi despida de qualquer valor ou sentido intrínseco. Por outro, o homem foi despido de qualquer finalidade, exceto a da autopreservação. Ele tenta transformar tudo a seu alcance em um meio para aquele fim. Cada palavra ou frase que sugere relações outras que não a pragmática é suspeita. Quando a um homem se pede para admirar uma coisa, para respeitar um sentimento ou uma atitude, para amar uma pessoa por si mesma, ele fareja sentimentalismo e suspeita que alguém lhe está passando a perna ou tentando vender algo. Embora as pessoas possam não perguntar do que a lua faz propaganda, elas tendem a pensá-la em termos de equipamentos balísticos ou milhas espaciais.

A completa transformação do mundo em um mundo de meios e não de fins é, ela própria, consequência do desenvolvimento histórico dos métodos de produção. Conforme a produção material e a organização social crescem de forma mais complicada e reificada, o reconhecimento dos meios enquanto tais se torna cada vez mais difícil, já que eles assumem a aparência de entidades autônomas. Enquanto os meios de produção são primitivos, as formas de organização social também são primitivas. As instituições das tribos da Polinésia refletem a pressão direta e esmagadora da natureza. Sua organização social é moldada por suas necessidades materiais. Os idosos, mais fracos que os jovens, porém mais experientes, formulam os planos para a caça, para a construção de pontes, para a escolha dos locais de acampamento etc.; os mais jovens devem obedecer. As mulheres, mais fracas que os homens, não saem para caçar e não participam na preparação e consumo das caças maiores; seus deveres são os de coletar plantas e mariscos. Os sangrentos ritos mágicos servem em parte para iniciar a juventude e em parte para inculcar um enorme respeito pelo poder dos padres e dos antigos.

O que é verdadeiro para os primitivos é verdadeiro também para as comunidades mais civilizadas: os tipos de armas ou máquinas que o homem usa nos vários estágios de sua evolução requerem certas formas de comando e obediência, de cooperação e subordinação, e são assim efetivos também em criar certas formas legais, artísticas e religiosas. Durante sua longa história, o homem por vezes adquiriu uma tal liberdade da pressão imediata da natureza que podia pensar na natureza e na realidade sem ter de planejar, direta ou indiretamente, sua autopreservação. Essas formas relativamente independentes de pensar, que Aristóteles descreve como a contemplação teórica, foram particularmente cultivadas na filosofia. A filosofia almejava a um conhecimento que servisse não a cálculos de utilidade, mas que avançasse no entendimento da natureza em si e para si.

O pensamento especulativo, do ponto de vista econômico, era sem dúvida um luxo com o qual, em uma sociedade baseada na dominação de grupos, apenas uma classe de pessoas isenta do trabalho pesado podia arcar. Os intelectuais, dos quais Platão e Aristóteles foram os primeiros grandes porta-vozes europeus, devem sua própria existência, e sua satisfação em abandonar-se à especulação, a um sistema de dominação do qual eles tentam emancipar-se intelectualmente. Vestígios dessa situação paradoxal podem ser encontrados em vários sistemas de pensamento. Hoje – e isso é certamente um progresso –, as massas sabem que essa liberdade de contemplação surge apenas ocasionalmente. Ela sempre foi o privilégio de certos grupos, que automaticamente elaboraram uma ideologia hipostasiando seus privilégios como uma virtude humana;

A revolta da natureza

logo, serviu a propósitos ideológicos reais, glorificando aqueles isentos do trabalho manual. Daí a desconfiança surgida em relação a esse grupo. Na nossa época, o intelectual não está, de fato, isento da pressão que a economia exerce sobre ele para satisfazer as demandas sempre cambiantes da realidade. Por consequência, a meditação, que visava à eternidade, é suplantada pela inteligência pragmática, que visa ao momento seguinte. Em vez de perder seu caráter de privilégio, o pensamento especulativo é liquidado como um todo – e isso dificilmente pode ser chamado de progresso. É verdade que, nesse processo, a natureza perdeu seu caráter fabuloso, sua *qualitates occultae*, mas, completamente despojada da oportunidade de falar por meio das mentes dos homens, mesmo que na linguagem distorcida desses grupos privilegiados, a natureza parece vingar-se.

A insensibilidade moderna à natureza é, de fato, apenas uma variante da atitude pragmática típica da civilização ocidental como um todo. As formas são diferentes. O antigo caçador via nas pradarias e montanhas apenas o prospecto de uma boa caça; o homem de negócios moderno vê na paisagem uma oportunidade para erguer anúncios de cigarro. O destino dos animais no nosso mundo é simbolizado por uma notícia publicada em jornais há alguns anos. Ela informava que aterrissagens de aviões na África eram frequentemente prejudicadas por manadas de elefantes e outros animais selvagens. Os animais eram ali considerados apenas como obstrutores do tráfego. Essa mentalidade do homem como o senhor pode ser remontada aos primeiros capítulos do Gênesis. Os poucos preceitos em favor dos animais que encontramos na Bíblia foram interpretados pelos mais notáveis pensadores da religião, Paulo, Tomás de Aquino e Lutero, como referentes apenas à educação dos homens, e

Eclipse da razão

de modo algum como uma obrigação do homem em relação a outras criaturas. Apenas a alma do homem pode ser salva; os animais não têm senão o direito de sofrer. "Alguns homens e mulheres", escreveu um clérigo britânico há alguns anos,

> sofrem e morrem pela vida, pelo bem-estar e pela felicidade dos outros. Vemos essa lei em operação continuamente. O exemplo supremo disso foi mostrado ao mundo (eu escrevo com reverência) no Calvário. Por que os animais deveriam se furtar da operação dessa lei ou princípio?[6]

O Papa Pio IX não permitiu que uma sociedade de prevenção à crueldade animal fosse fundada em Roma porque, como declarou ele, a teologia ensina que o homem não tem obrigações em relação a qualquer animal.[7] O Nacional-Socialismo, é bem verdade, gabava-se da sua proteção aos animais, mas apenas para humilhar ainda mais profundamente aquelas "raças inferiores" às quais ele tratava como mera natureza.

Esses exemplos são citados apenas para mostrar que a razão pragmática não é nova. Ainda assim, a filosofia por trás dela, a ideia de que a razão, a mais alta faculdade intelectual do homem, interessa-se apenas pelos instrumentos, ou melhor, é ela mesma apenas um instrumento, é formulada de modo mais claro e aceita mais amplamente hoje do que no passado. O princípio da dominação tornou-se o ídolo ao qual tudo é sacrificado.

A história dos esforços do homem para sujeitar a natureza é também a história da sujeição do homem pelo homem. O desenvolvimento do conceito de ego reflete essa dupla história.

---

6 Westermark, *Christianity and Moral*, p.388.
7 Ibid., p.389.

A revolta da natureza

É muito difícil descrever em termos precisos quais conotações as línguas do mundo ocidental deram, em momentos específicos, ao termo ego – uma noção imersa em associações vagas. Como o princípio do eu, que se empenha em vencer a luta contra a natureza em geral, contra outras pessoas em particular e contra seus próprios impulsos, o ego aparece como relacionado às funções de dominação, comando e organização. O princípio do ego parece estar manifesto no braço estendido do senhor, dirigindo os homens em marcha ou condenando o réu à execução. Espiritualmente, ele tem a qualidade de um raio de luz. Penetrando a escuridão, assusta os fantasmas da crença e do sentimento, que preferem espreitar-se nas sombras. Historicamente, ele pertence, por excelência, a uma época de privilégios de casta marcada pela clivagem entre trabalho intelectual e manual, entre conquistadores e conquistados. Seu predomínio é patente na época patriarcal. Dificilmente teria desempenhado um papel decisivo em tempos matriarcais – para lembrar Bachofen e Morgan –, quando divindades ctônicas eram adoradas. Nem se poderia propriamente atribuir um ego ou um eu ao escravo da Antiguidade, à massa amorfa na base da pirâmide social.

O princípio da dominação, baseado originalmente na força bruta, adquiriu ao longo do tempo um caráter mais espiritual. A voz interna tomou o lugar do senhor na emissão de ordens. A história da civilização ocidental poderia ser escrita em termos do crescimento do ego, na medida em que o subalterno sublima, isto é, internaliza, as ordens do seu senhor, que o precedeu na autodisciplina. Desse ponto de vista, o líder e a elite poderiam ser descritos como aqueles que efetivaram a coerência e a conexão lógica entre as diferentes transações da vida cotidiana. Eles

Eclipse da razão

impuseram a continuidade, a regularidade e mesmo a uniformidade no processo produtivo, mesmo que este fosse primitivo. O ego em cada sujeito tornou-se a encarnação do líder. Ele estabeleceu um nexo racional entre as variadas experiências de diferentes pessoas. Assim como o líder divide seus homens entre soldados de infantaria e de cavalaria, ou planeja o futuro, também o ego classifica as experiências por categorias ou espécies e planeja a vida do indivíduo. A sociologia francesa[8] ensinou-nos que a ordem hierárquica de conceitos gerais primitivos refletia a organização da tribo e seu poder sobre o indivíduo. Ela mostrou que toda a ordem lógica, o ranqueamento dos conceitos de acordo com sua prioridade e posteridade, inferioridade e superioridade, e a delimitação dos seus respectivos domínios e fronteiras espelhavam as relações sociais e a divisão do trabalho.

Em nenhum momento a noção de ego desvencilhou-se das máculas de sua origem no sistema de dominação social. Mesmo aquelas versões idealizadas, como a doutrina cartesiana do ego, sugerem a coerção; as objeções de Gassendi às *Meditações* fazem chacota da noção de um pequeno espírito, a saber, o ego, que, de sua citadela bem escondida no cérebro — *arcem in cerebro tenens*[9] — ou, como poderiam dizer os psicólogos, da estação de recebimento e envio no cérebro, edita os informes dos sentidos e despacha suas ordens às várias partes do corpo.

É instrutivo seguir os esforços de Descartes para encontrar um lugar para esse ego, que não está na natureza, mas permanece suficientemente próximo da natureza para influenciá-la.

---

8 Cf. Durkheim, De quelques forme primitives de classification, *L'Année sociologique*, v.IV, p.66.

9 *Oeuvres de Descartes*, v.VII, p.269.

A revolta da natureza

Sua primeira preocupação é a de dominar as paixões, isto é, a natureza, na medida em que ela se faz sentir em nós. O ego é indulgente com emoções agradáveis e sadias, mas severo com qualquer coisa que conduza à tristeza. Sua preocupação central é a de impedir que as emoções levem a juízos tendenciosos. A matemática, cristalina, imperturbável e autossuficiente, o instrumento clássico da razão formalizada, é a que melhor exemplifica o trabalho dessa agência austera. O ego domina a natureza. Descrever as finalidades do ego em termos outros que não os de sua própria persistência indefinida contaminaria o próprio conceito de ego.

Na filosofia de Descartes, o dualismo entre o ego e a natureza é, de algum modo, embotado pelo seu catolicismo tradicional. O desenvolvimento posterior do racionalismo, e do idealismo subjetivo mais tarde, tendeu, cada vez mais, a mediar o dualismo dissolvendo o conceito de natureza – e, em última instância, todo o conteúdo da experiência – no ego, concebido como transcendental. Porém, quanto mais radicalmente se desenvolve essa tendência, maior é a influência do velho, mais ingênuo e, por essa razão, menos irreconciliável dualismo da teoria cartesiana da substância no próprio domínio do ego. O exemplo mais marcante disso é a filosofia subjetivista-transcendental extrema de Fichte. Em sua doutrina inicial, de acordo com a qual a única *raison d'être* do mundo seria a de fornecer um campo de atividade para o imperioso eu transcendental, a relação entre o ego e a natureza é de tirania. O universo inteiro torna-se uma ferramenta do ego, embora não tenha o ego qualquer substância ou sentido, exceto em sua própria atividade ilimitada. A ideologia moderna, embora muito mais próxima de Fichte do que geralmente se acredita, rompeu com tais amarras metafísicas, e o antagonismo

Eclipse da razão

entre um ego abstrato, senhor incontestável, e uma natureza despida de sentido inerente é obscurecido por absolutos vagos, como as ideias de progresso, sucesso, felicidade ou experiência.

Não obstante, a natureza é hoje mais do que nunca concebida como uma mera ferramenta do homem. Ela é objeto da exploração total que não tem qualquer finalidade estipulada pela razão e, portanto, não tem limite. O imperialismo sem limites do homem não é jamais satisfeito. O domínio da raça humana sobre a terra não tem qualquer paralelo com aquelas épocas da história natural nas quais outras espécies animais representavam as formas mais elevadas de desenvolvimento orgânico. Seus apetites eram limitados pelas necessidades de sua existência física. De fato, a avidez do homem em estender seu poder a dois infinitos, o microcosmo e o universo, não surge diretamente de sua própria natureza, mas da estrutura da sociedade. Assim como os ataques de nações imperialistas contra o resto do mundo devem ser explicados a partir de suas lutas internas, e não em termos do seu assim chamado caráter nacional, o ataque totalitário da raça humana contra tudo o que ela exclui de si deriva mais das relações inter-humanas do que de qualidades humanas inatas. O estado de guerra entre os homens, na guerra e na paz, explica a insaciabilidade da espécie e as atitudes práticas que daí resultam, assim como as categorias e os métodos da inteligência científica por meio das quais a natureza aparece, progressivamente, sob o aspecto de sua mais eficaz exploração. Essa forma de percepção determina também a forma pela qual os seres humanos veem-se uns aos outros em suas relações econômicas e políticas. A forma como a humanidade vê a natureza acaba por refletir e determinar a imagem dos humanos na mente humana e elimina a última fi-

A revolta da natureza

nalidade objetiva que poderia motivar o processo. A repressão dos desejos que a sociedade alcança por meio do ego torna-se ainda mais irrazoável, não apenas para a população como um todo, mas para cada indivíduo. Quanto mais alto se proclama e se reconhece a ideia de racionalidade, mais fortemente cresce na mente das pessoas o ressentimento consciente ou inconsciente contra a civilização e sua agência dentro do indivíduo, o ego.

Como a natureza, em todas as fases de sua opressão, dentro e fora do ser humano, reage a esse antagonismo? Quais são as manifestações psicológicas, políticas e filosóficas de sua revolta? É possível evitar o conflito por um "retorno a natureza", por uma revivificação de antigas doutrinas ou pela criação de novos mitos?

Cada ser humano experiencia o aspecto dominador da civilização desde o seu nascimento. Para a criança, o poder do pai parece esmagador, sobrenatural no sentido literal da palavra. A ordem do pai é a razão isenta de natureza, uma força espiritual inexorável. A criança sofre ao submeter-se a essa força. É quase impossível para um adulto lembrar-se de todas as agruras que experienciou quando criança obedecendo às inumeráveis advertências dos pais para não mostrar a língua, não imitar os outros, não ser desleixado ou não se esquecer de lavar atrás das orelhas. Nessas exigências, a criança é confrontada com os postulados fundamentais da civilização. Ela é forçada a resistir à pressão imediata dos seus impulsos, a diferenciar entre si mesma e o ambiente, a ser eficiente — em suma, para tomar de empréstimo a terminologia de Freud, a adotar um superego que encarna todos os assim chamados princípios que seu pai e outras figuras paternas sustentam para ela. A criança não reconhece o motivo de todas essas exigências. Ela obedece

Eclipse da razão

para não ser repreendida ou punida, para não perder o amor de seus pais, que almeja profundamente. Mas o desprazer ligado à submissão persiste e a criança desenvolve uma hostilidade profunda contra seu pai, o que, posteriormente, se traduz em ressentimento contra a própria civilização.

O processo pode ser particularmente drástico se a obediência é imposta menos por um indivíduo que por grupos – por outras crianças no *playground* ou na escola. Elas não argumentam; elas batem. Na medida em que a sociedade industrial chega a um estágio no qual a criança é confrontada diretamente com forças coletivas, o papel desempenhado pelo discurso e, consequentemente, pelo pensamento em sua economia psicológica diminui. Logo, a consciência, ou o superego, desintegra-se. A isso devemos acrescentar a mudança na atitude da mãe, trazida pela transição para a racionalidade formal. O extraordinário bem que o esclarecimento psicanalítico, em todas as suas versões, trouxe para certos grupos urbanos é, ao mesmo tempo, um passo a mais no sentido de uma atitude mais racionalizada e consciente por parte da mãe, de cujo amor instintivo depende o desenvolvimento da criança. Ela é transformada em enfermeira, sua amabilidade e sua insistência tornam-se gradualmente parte de uma técnica. Por mais que a sociedade possa ganhar transformando a maternidade em uma ciência, ela priva o indivíduo de certas influências que antes tiveram uma força vinculante na vida social.

O ódio à civilização não é apenas uma projeção irracional de dificuldades psicológicas pessoais no mundo (como interpretado por alguns escritos psicanalíticos). O adolescente aprende que as renúncias dos impulsos instintivos que se espera dele não são adequadamente compensadas; que, por exemplo,

A revolta da natureza

a sublimação dos fins sexuais exigida pela civilização não lhe proporciona a segurança material em nome da qual é pregada. O industrialismo tende cada vez mais a sujeitar as relações sexuais à dominação social. A Igreja fez a mediação entre a natureza e a civilização ao transformar o casamento em um sacramento, tolerando ainda a saturnália, excessos eróticos menores e até mesmo a prostituição. No presente, o casamento torna-se crescentemente a chancela da sanção social, um pagamento das taxas de adesão a um clube de prerrogativa masculina, para o qual as mulheres fazem as regras. Para as mulheres, é também uma chancela no sentido de um prêmio a ser aspirado, o prêmio da segurança sancionada. A garota que viola as convenções já não é mais objeto de pena ou condenação porque estaria perdendo espaço nesta e na outra vida; ela simplesmente não percebe suas oportunidades. Ela é tola, não trágica. A ênfase desloca-se completamente para a conveniência do casamento como um instrumento de conformidade no maquinário social. Poderosas agências supervisionam seu funcionamento e a indústria do divertimento atua como sua agência de publicidade. Enquanto a sociedade está ocupada em abolir pequenos nichos de prostituição, que fazem do amor um comércio, a vida instintiva, em todas as suas ramificações, adapta-se cada vez mais ao espírito da cultura comercial. As frustrações produzidas por essa tendência estão profundamente enraizadas no processo civilizatório; elas devem ser entendidas filogeneticamente, não apenas ontogeneticamente, uma vez que, até certo ponto, os complexos psicológicos reproduzem a história primitiva da civilização. É verdade que, na fase presente da civilização, esses processos primitivos estão sendo revividos. Nesse nível mais alto, o conflito gira em torno dos ideais pelos quais a renúncia é

Eclipse da razão

imposta. O que enche o adolescente de agonia é, acima de tudo, sua compreensão vaga e confusa da estreita relação ou quase identidade entre a razão, o eu, a dominação e a natureza. Ele sente o hiato entre os ideais que lhe são ensinados e as expectativas que eles despertam, por um lado, e, por outro, o princípio de realidade ao qual é compelido a submeter-se. Sua rebelião subsequente é dirigida contra a situação na qual a atmosfera de divindade, de alheamento da natureza, de superioridade infinita, oculta o domínio do mais forte ou do mais esperto.

O indivíduo que faz essa descoberta pode agregar ao seu caráter um desses dois importantes elementos: a resistência ou a submissão. O indivíduo que resiste irá opor-se a qualquer tentativa pragmática de reconciliar as demandas da verdade e as irracionalidades do existente. Em vez de sacrificar a verdade conformando-se aos padrões dominantes, ele insistirá em expressar em sua vida tanta verdade quanto possível, tanto na teoria quanto na prática. Sua vida será de conflitos; ele deve estar pronto para correr o risco da solidão extrema. A hostilidade irracional que o inclinaria a projetar suas dificuldades internas sobre o mundo é superada pela paixão de realizar o que seu pai representava em sua imaginação infantil, a saber, a verdade. Esse tipo de jovem — se é que se trata de um tipo — leva a sério o que lhe foi ensinado. Ele pelo menos é bem sucedido no processo de internalização, na medida em que se volta contra a autoridade externa e contra o culto cego da assim chamada realidade. Ele não se esquiva de confrontar persistentemente a realidade com a verdade, de desvelar o antagonismo entre os ideais e a efetividade. Sua crítica, teórica e prática, é uma reafirmação negativa da fé positiva que tinha quando criança.

126

A revolta da natureza

O outro elemento, a submissão, é aquele que a maioria é levada a aceitar. Embora a maior parte das pessoas jamais supere o hábito de repreender o mundo por suas dificuldades, aqueles que são excessivamente fracos para posicionarem-se contra a realidade não têm outra opção a não ser a de identificar-se com ela, obliterando-se. Eles nunca se reconciliaram racionalmente com a civilização. Em vez disso, curvam-se a ela, aceitando secretamente a identidade entre a razão e a dominação, entre a civilização e o ideal, não importando o quanto encolham os ombros. O cinismo bem informado é apenas outro modo de conformismo. Essas pessoas voluntariamente abraçam ou forçam-se a aceitar o domínio do mais forte como uma norma eterna. Sua vida toda é um esforço contínuo para suprimir e degradar a natureza, interna ou externamente, e para identificar-se com seus substitutos mais poderosos – a raça, a pátria, o líder, a camarilha e a tradição. Para elas, todas essas palavras significam a mesma coisa: a realidade irresistível a qual se deve honrar e obedecer. No entanto, seus próprios impulsos naturais, aqueles antagônicos às variadas demandas da civilização, levam uma vida desviante e oculta dentro delas. Em termos psicanalíticos, pode-se dizer que o indivíduo submisso é aquele cujo inconsciente fixou-se no estágio da rebelião reprimida contra seus pais reais. Essa rebelião manifesta-se na conformidade prestativa ou no crime, de acordo com as condições sociais ou individuais. O indivíduo que resiste permanece leal ao seu superego e, em certo sentido, à imagem de seu pai. Mas a resistência de um homem em relação ao mundo não pode ser simplesmente deduzida do seu conflito não resolvido com seus pais. Pelo contrário: só é capaz de resistência aquele que transcendeu esse conflito. A real razão de sua atitude é sua

Eclipse da razão

compreensão de que a realidade é "falsa", uma compreensão a que ele chega comparando seus pais com os ideais que eles pretendem representar.

A mudança no papel desempenhado pelos pais, com a crescente transferência de suas funções educacionais para a escola e os grupos sociais, como trazida pela vida econômica moderna, explica em grande medida o gradual desaparecimento da resistência individual às tendências sociais dominantes. No entanto, a fim de entender certos fenômenos da psicologia de massas que desempenharam um papel preponderante na história recente, um mecanismo psicológico específico merece particular atenção.

Escritores modernos dizem-nos que o impulso mimético da criança, sua insistência em imitar todos e tudo, inclusive seus próprios sentimentos, é um dos meios de aprendizagem, particularmente naqueles estágios iniciais e quase inconscientes do desenvolvimento pessoal, quando se determina o futuro caráter do indivíduo, seus modos de reação, seus padrões gerais de comportamento. O corpo todo é um órgão de expressão mimética. É por meio dessa faculdade que um ser humano adquire sua maneira especial de rir e chorar, de falar e julgar. Apenas nas fases posteriores da infância essa imitação inconsciente é subordinada à imitação consciente e a métodos racionais de aprendizagem. Isso explica por que, por exemplo, os gestos, as entonações de voz, o grau e tipo de irritabilidade, o modo de andar, em resumo, todas as características supostamente naturais da assim chamada raça parecem persistir por hereditariedade muito tempo depois do desaparecimento de suas causas ambientais. As reações e os gestos de um homem de negócios judeu bem-sucedido refletem às vezes a ansiedade

A revolta da natureza

sob a qual seus ancestrais viveram; pois os maneirismos de um indivíduo são fruto menos da educação racional do que de vestígios atávicos devidos à tradição mimética.

Na crise presente, o problema da mimese é particularmente urgente. A civilização tem início com os impulsos miméticos nativos do homem, mas deve posteriormente transcendê-los e transvalorizá-los. O progresso cultural como um todo, assim como a educação individual, isto é, os processos filogenéticos e ontogenéticos da civilização, consiste em larga medida na conversão de atitudes miméticas em racionais. Da mesma forma que os primitivos devem aprender que podem produzir melhores colheitas tratando o solo propriamente, em vez de praticando magia, também a criança moderna deve aprender a refrear seus impulsos miméticos e a direcioná-los a uma finalidade definida. A adaptação consciente e, posteriormente, a dominação substituem as várias formas de mimese. O progresso da ciência é a manifestação teórica dessa mudança: a fórmula suplanta a imagem; a calculadora, as danças rituais. Adaptar-se significa tornar-se igual ao mundo dos objetos para fins de autopreservação. Esse tornar-se igual ao ambiente, de forma deliberada (em vez de reflexiva), é um princípio universal da civilização.

O judaísmo e o cristianismo foram esforços para dar um sentido a essa dominação dos impulsos primitivos, para transformar a resignação cega em compreensão e esperança. Eles alcançaram isso por meio da doutrina messiânica da alma eterna e da beatitude pessoal. As escolas europeias de filosofia tentaram desenvolver essa herança religiosa por meio do raciocínio crítico, e mesmo aquelas de tendências negativas ou ateísticas mantiveram essas ideias vivas ao recusarem-se a respeitar as

Eclipse da razão

fronteiras da religião neutralizada como um campo separado. As grandes revoluções, as herdeiras da filosofia, transferiram em larga medida as crenças absolutas das massas para o reino do político. O nacionalismo da era moderna, no entanto, aparentemente não foi capaz de inspirar nas massas a fé vital que a religião dava a elas. Embora os franceses estivessem inclinados a morrer repetidas vezes pela pátria e pelo seu imperador, eles encontravam nas suas celebradas reformas sociais muito pouca esperança para dela viver. O reestabelecimento do catolicismo por Napoleão indica que as massas não podiam suportar a dolorosa repressão dos impulsos naturais que lhes era imposta pelo seu programa político e social sem o consolo do transcendental. A Rússia moderna inspira reflexões similares.

Se a renúncia definitiva do impulso mimético não promete levar à realização das potencialidades do homem, esse impulso sempre restará em espera, pronto para irromper como uma força destrutiva. Ou seja, se não há outra norma senão o *status quo*, se toda a esperança de felicidade que a razão pode oferecer é a preservação do existente enquanto tal ou até o aumento de sua pressão, o impulso mimético jamais será realmente superado. Os homens retornam a ele de uma forma regressiva e distorcida. Como os censores pudicos da pornografia, eles abandonam-se aos impulsos tabus com ódio e desprezo. As massas dominadas prontamente se identificam com a agência repressiva. De fato, apenas a seu serviço elas têm carta branca para satisfazer seus impulsos miméticos imperiosos, sua necessidade de expressão. Elas reagem à pressão pela imitação – um desejo implacável de perseguir. Esse desejo, por sua vez, é utilizado para manter o sistema que o produz. A esse respeito, o homem moderno não é muito diferente do seu precursor medieval, exceto pela escolha das vítimas. Párias políticos, seitas religiosas excêntricas como a alemã *Bibelforscher* e os *zoot-suiters* tomaram o lugar das bruxas, feiticeiros e heréticos; e ainda há os judeus. Qualquer um que já esteve presente a uma reunião nacional-socialista na Alemanha sabe que os oradores e a audiência atingiam sua maior excitação ao representarem pulsões miméticas socialmente reprimidas, mesmo quando se tratava de ridicularizar ou atacar inimigos raciais acusados de ostentarem sem pudor seus próprios hábitos miméticos. O ponto alto de tais reuniões era o momento quando o orador personificava um judeu. Ele imitava aqueles que ele veria destruídos. Suas personificações despertavam uma hilaridade estridente, pois se permitia afirmar um impulso natural proibido sem o medo de reprimenda.

Ninguém retratou de modo mais engenhoso a profunda afinidade antropológica entre a hilaridade, a fúria e a imitação que Victor Hugo em *O homem que ri*. A cena na Câmara dos Lordes britânica na qual o riso triunfa sobre a verdade é uma lição magistral de psicologia social. A passagem é intitulada "Tempestades humanas são piores que maremotos". De acordo com Hugo, o riso sempre contém um elemento de crueldade e o riso das multidões é a hilaridade da loucura. Nos nossos dias de "força por meio da alegria", há escritores que deixam aqueles lordes bem pra trás. Max Eastman defende a hilaridade como um princípio. Falando do conceito de absoluto, ele declara: "Uma das nossas principais virtudes é que, quando ouvimos pessoas dizerem coisas assim, nos sentimos inclinados a rir. O riso na verdade desempenha entre nós o papel desempenhado na Alemanha por esse mesmo 'absoluto'". No século XVIII, o riso da filosofia diante de grandes palavras soava como uma nota estimulante e corajosa, que tinha uma força emancipató-

Eclipse da razão

ria. Tais palavras eram os símbolos da tirania efetiva; zombar delas envolvia o risco de tortura e morte. No século XX, o objeto do riso não é a multidão conformista, mas o excêntrico que ainda se aventura a pensar autonomamente.[10] Que essa aproximação intelectual do anti-intelectualismo expressa uma tendência literária atual é evidente nas citações anuentes de Charles Beard das visões de Eastman.[11] No entanto, essa tendência está longe de ser típica do espírito nacional, como esses autores parecem sugerir. Ao abrir o primeiro volume de Emerson, encontramos algo a que Eastman chamaria de "uma intrusão do 'absoluto'": "Quando contemplamos sem véus a natureza da Justiça e da Verdade, aprendemos a diferença entre o absoluto e o condicional ou relativo. Nós apreendemos o absoluto. Como se, pela primeira vez, *nós existíssemos*".[12] Esse motivo permaneceu como uma ideia orientadora de toda a obra de Emerson.

O uso malicioso do impulso mimético explica alguns traços dos demagogos modernos. Eles são frequentemente descritos como atores de segunda categoria. Pode-se pensar em Goebbels. Em sua aparência, ele era uma caricatura do comerciante judeu cuja liquidação defendia. Mussolini lembrava uma *prima donna* provinciana ou o guarda de uma ópera cômica. O saco de truques de Hitler parece ter sido roubado de Charlie Chaplin. Seus gestos abruptos e exagerados evocavam as caricaturas de homens fortes de Chaplin nas primeiras comédias pastelão. Os

---

10 Sobre as diferentes funções do ceticismo na história, cf. Horkheimer, Montaigne und die Funktion der Skepsis (em inglês: Montaigne and the Changing Role of Skepticism), *Zeitschrift für Sozialforschung*.

11 *The American Spirit*, p.664.

12 Ibid., p.57.

A revolta da natureza

demagogos modernos comportam-se geralmente como garotos malcriados, que são normalmente repreendidos ou reprimidos pelos seus pais, professores ou por alguma outra agência civilizatória. Seu efeito sobre a audiência parece dever-se em parte ao fato de que, ao representarem impulsos reprimidos, eles parecem ir contra a civilização promovendo a revolta da natureza. Mas o protesto deles não é de modo algum genuíno ou ingênuo. Eles nunca esquecem o propósito de suas palhaçadas. Sua finalidade permanente é a de incitar a natureza a juntar-se às forças da repressão, pelas quais a própria natureza deve ser esmagada.

A civilização ocidental nunca teve uma forte ascendência sobre as massas oprimidas. De fato, eventos recentes demonstram que, quando ocorre uma crise, a cultura pode contar com poucos dos seus autoproclamados devotos para a defesa dos seus ideais. Para cada homem capaz de diferenciar verdade e realidade, como as principais religiões e sistemas filosóficos sempre o fizeram, existem milhares que nunca foram capazes de superar a tendência de regredir a seus impulsos miméticos ou atávicos. Isso não é simplesmente culpa das massas: para a maioria da humanidade, a civilização significou a pressão para tornar-se adulto e responsável, e ainda significa a miséria. Nem os governantes escaparam dos efeitos mutilantes pelos quais a humanidade paga por seu triunfo tecnocrático. Em outras palavras, a maioria esmagadora das pessoas não tem "personalidade". Apelar para sua dignidade interna ou suas potencialidades latentes despertaria sua desconfiança, e com razão, já que essas palavras tornaram-se meras expressões por meio das quais se espera sua subserviência. Mas seu justificável ceticismo é acompanhado por uma tendência profundamente

Eclipse da razão

enraizada de tratar sua própria "natureza interna" brutal e maliciosamente, de dominá-la como elas mesmas foram dominadas por implacáveis senhores. Quando lhes é dada carta branca, suas ações são tão deformadas e terríveis como os excessos de escravos que se tornaram tiranos. O poder é algo que eles realmente respeitam e, portanto, buscam emular.

Isso explica a trágica impotência dos argumentos democráticos sempre que eles tiveram de competir com métodos totalitários. Sob a República de Weimar, por exemplo, o povo alemão pareceu leal à constituição e ao modo de vida democrático enquanto acreditava que estes eram respaldados por um poder real. Assim que os ideais e princípios da República entraram em conflito com os interesses das forças econômicas que representavam uma maior força, os agitadores totalitários tinham o caminho livre. Hitler apelou para o inconsciente de seu público sugerindo que poderia forjar um poder em cujo nome seria suspenso o interdito à natureza reprimida. A persuasão racional jamais pode ser tão efetiva, uma vez que não é congênita aos impulsos primitivos reprimidos de um povo superficialmente civilizado. Tampouco a democracia pode querer emular a propaganda totalitária, ao menos que aceite comprometer o modo de vida democrático estimulando forças destrutivas inconscientes.

Se a propaganda das nações democráticas houvesse apresentado o recente conflito mundial essencialmente como uma questão entre duas raças, em vez de relacioná-lo principalmente com ideais e interesses políticos, teria sido em muitos casos mais fácil evocar poderosos impulsos bélicos em seus cidadãos. Mas o perigo é que esses mesmos impulsos poderiam provar-se posteriormente fatais à civilização ocidental. Em tais ocasiões,

A revolta da natureza

o termo "outra raça" assume o significado de "uma espécie inferior ao homem e, portanto, mera natureza". Entre as massas, alguns aproveitam a oportunidade para identificar-se com o ego social oficial e, enquanto tais, cumprem furiosamente o que o ego pessoal seria incapaz de fazer — o disciplinamento da natureza, a dominação dos instintos. Eles lutam contra a natureza fora deles, em vez de dentro deles. O superego, impotente em seu próprio lar, torna-se o carrasco na sociedade. Esses indivíduos obtêm a gratificação de sentirem-se campeões da civilização, ao mesmo tempo que liberam seus desejos reprimidos. Uma vez que sua fúria não supera seu conflito interno, e já que há sempre muitos outros sobre os quais ela pode ser praticada, essa rotina de repressão é repetida várias vezes. Logo, ela tende à destruição total.

A relação do Nacional-Socialismo com a rebelião da natureza era complexa. Uma vez que essa rebelião, embora "genuína", sempre envolve um elemento regressivo, ela foi desde o princípio adequada à utilização como instrumento para fins reacionários. Hoje, porém, os fins reacionários são acompanhados por uma organização estrita e uma racionalização implacável, pelo "progresso" em certo sentido. Daí porque a revolta "natural" não era mais espontânea que os *pogroms* que, em momentos específicos, eram ordenados ou suspensos desde cima. Embora as camarilhas governantes não tenham sido as únicas responsáveis pelos ocorridos, uma vez que estes eram endossados por grande parte da população mesmo quando não participava efetivamente deles, essas atrocidades, não obstante "naturais", eram acionadas e dirigidas de acordo com um plano altamente racional. No fascismo moderno, a racionalidade atingiu um ponto no qual já não se satisfaz simplesmente re-

Eclipse da razão

primindo a natureza; a racionalidade agora explora a natureza incorporando em seu próprio sistema suas potencialidades rebeldes. Os nazistas manipularam os desejos reprimidos do povo alemão. Quando os nazistas e seus apoiadores industriais e militares iniciaram seu movimento, eles tinham de aliciar as massas, cujos interesses materiais não eram os deles. Apelaram aos estratos mais atrasados condenados pelo desenvolvimento industrial, isto é, espremidos pelas técnicas da produção em massa. Aqui, entre os camponeses, artesãos de classe média, comerciantes, donas de casa e pequenos industriais, deviam ser encontrados os protagonistas da natureza reprimida, as vítimas da razão instrumentalizada. Sem o apoio ativo desses grupos, os nazistas jamais teriam chegado ao poder.

Pulsões naturais reprimidas foram mobilizadas para as necessidades do racionalismo nazista. E a própria afirmação delas levou à sua negação. Os pequenos produtores e comerciantes que iam às manifestações nazistas perderam todos resquícios de independência e foram reduzidos a funcionários do regime. Não apenas foi abolida sua "natureza" psicológica específica, como, ao serem racionalmente coordenados, seus interesses materiais também padeceram; seu padrão de vida foi rebaixado. Da mesma forma, a rebelião contra a lei institucionalizada transformou-se em ausência de lei e liberou a força bruta a serviço dos poderes existentes. A moral da história é evidente; a apoteose do ego e do princípio da autopreservação enquanto tais culmina na mais extrema insegurança do indivíduo, em sua completa negação. Claramente, a rebelião nazista da natureza contra a civilização foi mais que uma fachada ideológica. A individualidade é destroçada sob o impacto do sistema nazista, gerando algo próximo ao ser humano atomizado, anárquico —

A revolta da natureza

o que Spengler certa vez chamou de o "novo homem bruto". A revolta do homem natural – no sentido dos estratos mais atrasados da população – contra o aumento de racionalidade promoveu na verdade a formalização da razão e serviu para acorrentar a natureza em vez de libertá-la. Sob esse prisma, podemos descrever o fascismo como uma síntese satânica de razão e natureza – o exato oposto daquela reconciliação dos dois polos com a qual a filosofia sempre sonhou.

Foi esse o padrão de todas as assim chamadas revoltas da natureza ao longo da história. Sempre que a natureza é exaltada como um princípio supremo e se torna a arma do pensamento contra o pensar, contra a civilização, o pensamento manifesta um tipo de hipocrisia e desenvolve-se, então, uma má consciência. Pois assim, em larga medida, ele já aceitou o próprio princípio contra o qual combate ostensivamente. A esse respeito, há pouca diferença entre os elogios de um poeta da corte romana em relação às virtudes da vida rústica e a loquacidade da indústria pesada alemã sobre o sangue e a terra e a benção de uma nação de camponeses saudáveis. Ambos servem à propaganda imperialista. De fato, o regime nazista enquanto revolta da natureza tornou-se uma mentira no momento em que se tornou consciente de si como uma revolta. Lacaio da própria civilização mecanizada que professa rejeitar, tomou as medidas inerentemente repressivas típicas desta última.

Na América, o problema da revolta da natureza é essencialmente diferente do que na Europa, pois neste país a tradição de uma especulação metafísica que encara a natureza como um mero produto do espírito é bem mais fraca do que no velho continente. Mas a tendência à real dominação da natureza é igualmente forte e, por essa razão, a estrutura do pensamento

Eclipse da razão

americano também revela a conexão íntima fatal entre a dominação da natureza e a revolta da natureza. Essa conexão é talvez mais impressionante no darwinismo, que possivelmente influenciou o pensamento americano mais do que qualquer outra força intelectual sozinha, com a exceção da herança teológica. O pragmatismo deve sua inspiração à teoria da evolução e da adaptação, derivada diretamente do darwinismo ou de algum intermediário filosófico, particularmente Spencer.

Por causa de sua inerente humildade em relação à natureza, o darwinismo poderia ajudar na tarefa de reconciliá-la com o homem. Sempre que essa teoria encoraja o espírito de humildade, e ela o fez em muitas ocasiões, ela é definitivamente superior às doutrinas opostas e corresponde ao elemento de resistência discutido anteriormente em relação ao ego. No entanto, o darwinismo popular, que permeia muitos aspectos da cultura de massas e do *ethos* público do nosso tempo, não demonstra essa humildade. A doutrina da "sobrevivência do mais apto" já não é mais uma teoria da evolução orgânica sem pretensão de impor imperativos éticos sobre a sociedade. Independentemente de como expressada, essa ideia tornou-se o axioma primordial da conduta e da ética.

Pode ser surpreendente incluir o darwinismo entre as filosofias que refletem a revolta da natureza contra a razão, já que essa revolta é normalmente associada ao romantismo, ao descontentamento sentimental com a civilização e ao desejo de retorno a estágios primitivos da sociedade ou da natureza humana. A doutrina de Darwin é certamente desprovida de tal sentimentalidade. De modo algum romântica, ela pertence à tendência central do Iluminismo. Darwin rompeu com o dogma fundamental do cristianismo – o de que Deus criou o ho-

A revolta da natureza

mem à sua própria imagem. Ao mesmo tempo, chocou-se com conceitos metafísicos de evolução, prevalecentes de Aristóteles a Hegel. Ele concebeu a evolução como uma sequência cega de eventos, na qual a sobrevivência depende da adaptação às condições de vida, e não como o desdobramento de entidades orgânicas de acordo com suas enteléquias.

Darwin era essencialmente um cientista natural, não um filósofo. Apesar dos seus sentimentos religiosos pessoais, a filosofia subjacente a suas ideias era claramente positivista. Por isso seu nome veio a representar a ideia da dominação da natureza pelo homem em termos do senso comum. Pode-se mesmo ir ao ponto de dizer que o conceito de sobrevivência do mais apto é meramente uma tradução dos conceitos da razão formalizada no vernáculo da história natural. No darwinismo popular, a razão é apenas um órgão; o espírito ou a mente, uma coisa da natureza. De acordo com a interpretação corrente de Darwin, a luta pela vida deve necessariamente, passo a passo, por meio da seleção natural, produzir o razoável a partir do irrazoável. Em outras palavras, a razão, enquanto serve a função de dominar a natureza, é reduzida à parte da natureza; não é uma faculdade independente, mas algo orgânico, como os tentáculos ou as mãos, que se desenvolve pela adaptação às condições naturais e sobrevive porque prova ser um meio adequado de dominar essas condições, especialmente em relação à aquisição de comida e à prevenção do perigo. Como uma parte da natureza, a razão é ao mesmo tempo colocada contra a natureza — ela é concorrente e inimiga de toda vida que não seja a sua própria.

A ideia inerente a todas as metafísicas idealistas – a de que o mundo é, em algum sentido, um produto da mente – é, pois,

Eclipse da razão

virada do avesso: a mente é um produto do mundo, dos processos da natureza. Logo, de acordo com o darwinismo popular, a natureza não precisa da filosofia para falar por ela: a natureza, uma divindade poderosa e venerável, é a governante, não a governada. O darwinismo vem, em última instância, ao auxílio da natureza rebelde para solapar qualquer doutrina, teológica ou filosófica, que encare a própria natureza como expressando uma verdade que a razão deve tentar reconhecer. A equiparação entre razão e natureza, pela qual a razão é degradada e a natureza bruta exaltada, é uma falácia típica da era da racionalização. A razão subjetiva instrumentalizada ou elogia a natureza como pura vitalidade ou a deprecia como força bruta, em vez de tratá-la como um texto a ser interpretado pela filosofia que, se lido corretamente, revelará uma história de infinito sofrimento. Sem cometer a falácia de equiparar natureza e razão, o gênero humano deve tentar reconciliar as duas.

Na teologia e metafísica tradicionais, o natural era em larga medida concebido como o mal, e o espiritual ou o sobrenatural como o bem. No darwinismo popular, o bem é o bem-adaptado e o valor daquilo a que o organismo se adapta não é questionado ou é medido apenas em termos da adaptação subsequente. No entanto, estar adaptado ao entorno equivale a ser capaz de enfrentá-lo com sucesso, de dominar as forças que nos assaltam. Daí porque a negação teórica do antagonismo entre espírito e natureza — mesmo aquela implícita na doutrina da inter-relação entre as várias formas de vida orgânica, incluindo o homem — frequentemente equivale na prática à subscrição do princípio de dominação contínua e completa da natureza pelo homem. Encarar a razão como um órgão natural não a despoja de sua tendência à dominação, nem a investe de maiores

A revolta da natureza

potencialidades de reconciliação. Pelo contrário, a abdicação do espírito no darwinismo popular acarreta a rejeição de quaisquer elementos da mente que transcendam a função de adaptação e, consequentemente, que não sejam instrumentos de autopreservação. A razão repudia sua própria primazia e professa ser uma mero serviçal da seleção natural. Na superfície, essa nova razão empírica parece mais humilde em relação à natureza do que a razão da tradição metafísica. Na verdade, contudo, é a mentalidade prática, arrogante, que passa por cima do "inútil espiritual" e despreza qualquer visão da natureza na qual esta é considerada algo mais que um estímulo à atividade humana. Os efeitos dessa posição não se limitam à filosofia moderna.

As doutrinas que exaltam a natureza ou o primitivismo em detrimento do espírito não favorecem a reconciliação com a natureza; pelo contrário, enfatizam a frieza e a cegueira em relação a ela. Sempre que o homem faz deliberadamente da natureza seu princípio, ele regressa a impulsos primitivos. As crianças são cruéis nas reações miméticas porque não entendem de fato os riscos da natureza. Quase como animais, elas frequentemente tratam umas às outras friamente e sem cuidados, e sabemos que mesmo animais gregários permanecem isolados ainda que juntos. Obviamente, o isolamento individual é muito mais marcado entre animais não gregários e em grupos de animais de diferentes espécies. Tudo isso, no entanto, parece até certo ponto inocente. Os animais e, em certo sentido, as próprias crianças não raciocinam. A abdicação da razão pelo filósofo e pelo político, ao renderem-se à realidade, produz uma forma muito pior de regressão, que culmina inevitavelmente na confusão da verdade filosófica com a autopreservação implacável e com a guerra.

Eclipse da razão

Em suma, somos os herdeiros, para o bem ou para o mal, do Iluminismo e do progresso tecnológico. Opor-se a estes regredindo a estágios mais primitivos não mitiga a crise permanente que eles provocaram. Pelo contrário, tais expedientes conduzem-nos de formas de dominação social historicamente razoáveis a outras completamente bárbaras. O único modo de auxiliar a natureza é libertar de suas amarras seu aparente opositor, o pensamento independente.

IV
Ascensão e declínio do indivíduo

A crise da razão é manifesta na crise do indivíduo, que se desenvolveu como seu agente. A ilusão que a filosofia tradicional tem cultivado sobre o indivíduo e sobre a razão — a ilusão de sua eternidade — está sendo dissipada. O indivíduo outrora concebeu a razão exclusivamente como um instrumento do eu. Agora, ele experiencia o inverso dessa autodeificação. A máquina ejetou o piloto; ela corre cegamente pelo espaço. No momento da consumação, a razão tornou-se irracional e estultificada. O tema desta época é a autopreservação, muito embora não exista qualquer eu a ser preservado. Em vista dessa situação, cabe-nos refletir sobre o conceito de indivíduo.

Quando falamos do indivíduo como uma entidade histórica, não nos referimos apenas à existência sensível e espaçotemporal de um membro particular da raça humana, mas, além disso, à consciência de sua individualidade como um ser humano consciente, inclusive o reconhecimento de sua própria identidade. Essa percepção da identidade do eu não é igualmente forte em todas as pessoas. Ela é definida mais claramente em adultos do que em crianças, que devem aprender a chamar-se de "eu" — a

Eclipse da razão

mais elementar afirmação de identidade. É, da mesma forma, mais fraco entre os primitivos que entre homens civilizados; de fato, o aborígene que apenas recentemente foi exposto à dinâmica da civilização ocidental parece frequentemente muito inseguro de sua identidade. Vivendo nas gratificações e frustrações do momento, ele parece pouco ciente de que, como um indivíduo, deve enfrentar os acasos do amanhã. Esse atraso, deve-se dizer, é responsável em parte pela crença comum de que essas pessoas são preguiçosas ou mentirosas, censura que pressupõe existir nos acusados o próprio sentido de identidade que lhes falta. As qualidades encontradas, em formas extremas, entre povos oprimidos, como os negros, também se manifestam como uma tendência em pessoas de classes sociais oprimidas que não dispõem do fundamento econômico da propriedade herdada. Por isso, também se encontra uma individualidade atrofiada entre a população branca pobre do sul da América. Se esses povos degradados não estivessem condicionados a imitar seus superiores, a publicidade escancarada ou os apelos educacionais exortando-os ao cultivo da personalidade seriam inevitavelmente vistos por eles como condescendentes, para não dizer hipócritas — um esforço para acalmá-los em um estado de contentamento ilusório.

A individualidade pressupõe o sacrifício voluntário da satisfação imediata pelo bem da segurança, da manutenção material e espiritual da própria existência. Quando as vias para uma vida como essa estão bloqueadas, existem poucos incentivos para negar a si mesmo prazeres momentâneos. Logo, a individualidade entre as massas é bem menos integrada e duradoura do que entre a chamada elite. Por outro lado, a elite sempre esteve mais preocupada com as estratégias para conquistar e manter o

Ascensão e declínio do indivíduo

poder. O poder social é hoje, mais do que nunca, mediado pelo poder sobre as coisas. Quanto mais intensa for a preocupação do indivíduo com o poder sobre as coisas, mais as coisas o dominarão, mais lhe faltarão quaisquer traços genuinamente individuais e mais sua mente será transformada em um autômato da razão formalizada.

A história do indivíduo, mesmo na Grécia antiga – que não apenas criou o conceito de indivíduo, mas estabeleceu os padrões para a cultura ocidental –, em grande parte ainda não foi escrita. O modelo do indivíduo nascente é o herói grego. Ousado e autoconfiante, ele triunfa na luta pela sobrevivência e emancipa-se tanto da tradição quanto da tribo. Para historiadores como Jacob Burckhardt, esse herói é a encarnação de um egoísmo desenfreado e ingênuo. Não obstante, enquanto seu ego ilimitado irradia o espírito de dominação e intensifica o antagonismo entre o indivíduo e a comunidade e seus costumes, ele permanece incerto quanto à natureza do conflito entre seu ego e o mundo, e por isso frequentemente se torna presa de todos os tipos de intriga. Seus temíveis feitos não se originam de alguma característica pessoalmente motivada, como a malícia ou a crueldade, mas do desejo de vingar um crime ou de afastar uma maldição. O conceito de heroísmo é inseparável do de sacrifício. O herói trágico origina-se no conflito entre a tribo e seus membros, conflito no qual o indivíduo é sempre derrotado. Pode-se dizer que a vida do herói não é tanto uma manifestação da individualidade, mas um prelúdio de seu nascimento, pelo casamento da autopreservação e do autossacrifício. O único herói de Homero que nos surpreende ao ter uma individualidade, uma mente própria, é Ulisses e ele é demasiado astuto para parecer verdadeiramente heroico.

145

Eclipse da razão

O típico indivíduo grego floresceu na época da *polis* ou cidade-estado, com a critalização de uma classe burguesa. Na ideologia ateniense, o Estado era, a um só tempo, superior e anterior aos seus cidadãos. Mas essa predominância da *polis* facilitou, em vez ter impedido, a ascensão do indivíduo: ela efetivou um equilíbrio entre o Estado e seus membros, entre a liberdade individual e o bem-estar comunitário, representado de forma mais eloquente do que em qualquer outro lugar pela Oração Fúnebre de Péricles. Em uma famosa passagem de *A Política*,[1] Aristóteles descreve o burguês grego como um tipo de indivíduo que, possuindo tanto a coragem do europeu quanto a inteligência do asiático, isto é, combinando a capacidade de autopreservação com a reflexão, adquiriu a habilidade de dominar os outros sem perder sua liberdade. A raça helênica, diz ele, "se pudesse conformar-se em um Estado, seria capaz de governar o mundo".[2] Sempre que a cultura urbana esteve em seu ápice, como por exemplo na Florença do século XV, um equilíbrio similar de forças psicológicas foi alcançado. Os destinos do indivíduo sempre estiveram vinculados ao desenvolvimento da sociedade urbana. O morador da cidade é o indivíduo *par excellence*. Os grandes individualistas críticos da vida na cidade, como Rousseau ou Tolstoi, tinham suas raízes culturais em tradições urbanas; a fuga de Thoreau para a floresta foi concebida por um estudante da *polis* grega, não por um camponês. Nesses homens, o temor individualista da civilização foi nutrido pelos seus frutos. O antagonismo entre a individualidade e as condições econômicas e sociais de sua

---

1 *A Política*, VII, 7, 1327b.

2 Aristóteles, *The Works of Aristotle*, v.X.

Ascensão e declínio do indivíduo

existência, como expresso por esses autores, é um elemento essencial da própria individualidade. Hoje, esse antagonismo é suplantado nas mentes conscientes dos indivíduos pelo desejo de adaptarem-se à realidade. Esse processo é sintomático da crise presente do indivíduo, que, por sua vez, reflete o colapso da ideia tradicional de cidade que prevaleceu na história ocidental por 25 séculos.

Platão fez a primeira tentativa sistemática de forjar uma filosofia da individualidade de acordo com os ideais da polis. Ele concebeu o homem e o Estado como estruturas harmoniosas e interdependentes de inteligência, desejo e coragem, mais bem organizadas quando a divisão do trabalho correspondesse às respectivas características da psique tripartite do homem. *A República* projeta um equilíbrio entre a liberdade individual e o controle do grupo nos interesses da comunidade. A cada momento, Platão tenta mostrar a harmonia dentro dos domínios prático e teórico, e entre ambos. No domínio prático, a harmonia é alcançada atribuindo a cada estado sua função e seus direitos e correlacionando a estrutura da sociedade com a natureza de seus membros. No domínio teórico, ela é alcançada por meio de um sistema que dá um espaço adequado para cada "forma" na hierarquia universal e assegura a "participação" de cada indivíduo nos arquétipos ideais. Uma vez que essa grande cadeia do ser é eterna, o indivíduo é predeterminado. O valor de cada ser é estimado à luz de uma teleologia preexistente.

Muito da ontologia de Platão cheira a cosmogonias arcaicas nas quais toda vida e existência é governada por forças irresistíveis e inflexíveis; é tão sem sentido para um homem resistir ao destino, quanto o é para qualquer outro organismo na natureza resistir ao ritmo das estações ou ao ciclo da vida e da morte.

Eclipse da razão

Ao admirar as incríveis vistas do universo platônico, não nos devemos esquecer que elas se originam de e pressupõem uma sociedade baseada no trabalho escravo. Por um lado, Platão indica o caminho para o individualismo quando postula que o homem faz a si mesmo, pelo menos até o ponto no qual ele realiza suas potencialidades inatas. Por outro, Aristóteles não se desviou da doutrina de Platão quando ensinou que alguns nascem escravos e outros livres, e que a virtude do escravo, como a das mulheres e crianças, consiste na obediência. De acordo com essa filosofia, apenas os homens livres podem aspirar ao tipo de harmonia que vem da competição e da concordância.

Inerente ao sistema de Platão é a ideia de razão objetiva, em vez de subjetiva ou formalizada. Essa orientação ajuda a explicar sua concretude e, ao mesmo tempo, sua distância da natureza humana. Encontra-se um elemento de frieza em muitas celebradas ontologias que enfatizam o valor da personalidade harmoniosa – mesmo na aparentemente amena serenidade de Goethe, para não falar da visão de cosmo harmonioso da filosofia medieval. A personalidade é o microcosmo que corresponde a uma hierarquia social e natural imutável. A insistência sobre qualquer ordem imutável do universo, que implica na visão estática da história, obstrui a esperança na emancipação progressiva do sujeito da eterna infância, tanto na comunidade quanto na natureza. A transição da razão objetiva à subjetiva foi um processo histórico necessário.

No entanto, deve-se notar, mesmo que rapidamente, que o conceito de progresso não é menos problemático e frio. Se as ontologias hipostasiam as forças da natureza indiretamente por meio de conceitos objetivados, assim favorecendo a do-

Ascensão e declínio do indivíduo

minação do homem sobre a natureza, a doutrina do progresso hipostasia diretamente o ideal da dominação da natureza e degenera-se, por fim, em uma mitologia estática, derivada. O movimento enquanto tal, abstraído de seu contexto social e de sua finalidade humana, torna-se simplesmente uma ilusão de movimento, a má infinitude da repetição mecânica. A elevação do progresso ao estatuto de um ideal supremo desconsidera o caráter contraditório de qualquer progresso, mesmo aquele de uma sociedade dinâmica. Não é por acaso que no texto básico da filosofia ocidental, a *Metafísica* de Aristóteles, a ideia de dinamismo universal podia estar diretamente relacionada a um Primeiro Motor imóvel. A circunstância de que o desenvolvimento cego da tecnologia fortalece a opressão e a exploração social ameaça, a cada estágio, transformar o progresso em seu oposto, a completa barbárie. Tanto a ontologia estática quanto a doutrina do progresso – ambas as formas objetivista e subjetivista de filosofia – esquecem o homem.

Sócrates – que é menos formal, mais "negativo", que seus discípulos Platão e Aristóteles – foi o verdadeiro arauto da ideia abstrata de individualidade, o primeiro a afirmar explicitamente a autonomia do indivíduo. A afirmação da consciência por Sócrates elevou a relação entre o indivíduo e o universal a um novo patamar. O equilíbrio já não era mais inferido da harmonia estabelecida dentro da *polis*; pelo contrário, o universal era agora concebido como uma verdade interior, quase legitimadora de si mesma, hospedada no espírito do homem. Para Sócrates, seguindo a linha das especulações dos grandes sofistas, não bastava desejar ou mesmo fazer a coisa certa sem reflexão. A escolha consciente era um prerrequisito do modo de vida ético. Logo, ele chocou-se com os juízes atenienses, que representavam os costumes e cultos consagrados. Seu julgamento[3] parece marcar na história cultural o ponto em que a consciência individual e o Estado, o ideal e o real, começam a ser separados como que por um abismo. O sujeito começa a pensar em si – por oposição à realidade exterior – como a mais alta de todas as ideias. Gradualmente, à medida que sua importância no mundo antigo continuou a aumentar, o interesse no existente foi desvanecendo. Mais e mais, a filosofia tendeu a tomar o caráter de uma busca por consolação em harmonias internas. A sociedade helenística é permeada por filosofias pós-socráticas de resignação, como a *Stoa*, que assegurava ao homem que seu bem mais elevado consistia na autossuficiência (autarquia), atingível ao nada se desejar, em vez de se possuir todo o essencial para uma vida independente. Essa recomendação de apatia e fuga da dor levou à dissociação entre o indivíduo e a comunidade e à dissociação concomitante entre o ideal e o real. Ao renunciar à sua prerrogativa de moldar a realidade segundo a imagem da verdade, o indivíduo submete-se à tirania.

Há uma moral em tudo isso: a individualidade sai prejudicada quando cada homem decide se virar sozinho. Conforme o homem comum se retira da participação em questões políticas, a sociedade tende a regredir à lei da selva, que esmaga qualquer vestígio de individualidade. O indivíduo absolutamente isolado sempre foi uma ilusão. As qualidades pessoais mais estimadas, como a independência, a vontade de liberdade, a simpatia e o senso de justiça são virtudes tão sociais quanto individuais. O indivíduo plenamente desenvolvido é a consumação de uma sociedade plenamente desenvolvida. A emancipação do indiví-

---

3 Cf. análise do julgamento de Sócrates em Hegel, *History of Philosophy*.

Ascensão e declínio do indivíduo

duo não é uma emancipação da sociedade, mas a libertação da sociedade da atomização, uma atomização que pode alcançar seu pico em períodos de coletivização e cultura de massa.

O indivíduo cristão emergiu das ruínas da sociedade helenística. Poder-se-ia pensar que, diante de um Deus infinito e transcendente, o indivíduo cristão seria infinitamente pequeno e desamparado – que ele seria uma contradição em termos, já que o preço da salvação eterna é a autorrenúncia completa. Na verdade, a aspiração à individualidade foi incomensuravelmente fortalecida pela doutrina de que a vida na terra é um mero interlúdio na história eterna da alma. O valor da alma foi reforçado pela ideia de igualdade implicada na criação do homem por Deus à sua imagem e na expiação de Cristo por toda a humanidade. O próprio conceito de alma como uma luz interior, lugar onde Deus reside, surgiu apenas com o cristianismo e, por contraste, toda a antiguidade tem um elemento de vazio e indiferença. Alguns ensinamentos dos Evangelhos e algumas histórias sobre simples pescadores e carpinteiros da Galileia fazem as obras-primas gregas parecerem mudas e sem alma – carentes exatamente daquela "luz interior" –, e rudes e bárbaras as principais figuras da antiguidade.

No cristianismo, o ego humano e a natureza finita não são contrastantes como no rigoroso monoteísmo hebraico. Pelo fato de Cristo ser o mediador entre a verdade infinita e a existência humana finita, o agostinismo tradicional, que exalta a alma e condena a natureza, acabou sendo derrotado pelo aristotelismo tomista, que é um grande projeto de reconciliação dos mundos ideal e empírico. O cristianismo, em forte contraste com as religiões universais concorrentes e com as filosofias

Eclipse da razão

éticas helenísticas, associa a renúncia, o domínio das pulsões naturais, ao amor universal, que banha cada ato. A ideia da autopreservação é transformada em um princípio metafísico que garante a vida eterna da alma; pela própria desvalorização do seu ego empírico, o indivíduo adquire uma nova profundidade e complexidade.

Da mesma forma que a mente, enquanto persevera em sua oposição à natureza, não é nada senão um elemento da natureza, também o indivíduo não é nada senão uma espécie biológica enquanto seja apenas a encarnação de um ego definido pela coordenação de suas funções a serviço da autopreservação. O homem emerge como um indivíduo quando a sociedade começa a perder sua coesão e ele se torna ciente da diferença entre sua vida e aquela da coletividade aparentemente eterna. A morte tomou um aspecto severo e implacável, e a vida do indivíduo tornou-se um valor absoluto insubstituível. Hamlet, frequentemente chamado de o primeiro indivíduo verdadeiramente moderno, é a encarnação da ideia de individualidade justamente porque ele teme o caráter final da morte, o terror do abismo. A profundidade de suas reflexões metafísicas, as nuances sutis de sua mente pressupõem o condicionamento do cristianismo. Embora Hamlet, um bom discípulo de Montaigne, tenha perdido sua fé cristã, ele manteve sua alma cristã e, de certa forma, isso marca a efetiva origem do indivíduo moderno. O cristianismo criou o princípio da individualidade por meio de sua doutrina da alma imortal, uma imagem de Deus. Mas, ao mesmo tempo, o cristianismo relativizou a individualidade mortal concreta. O humanismo da Renascença preserva o valor infinito do indivíduo como concebido pelo cristianismo, porém o absolutiza, cristalizando-o completamente, mas também preparando a sua destruição. Para Hamlet, o indivíduo é a entidade absoluta ao mesmo tempo que completamente fútil.

Pela própria negação da vontade de autopreservação na terra em favor da preservação da alma eterna, o cristianismo afirmou o valor infinito de cada homem, uma ideia que penetrou até nos sistemas não cristãos ou anticristãos do mundo ocidental. Decerto, o preço foi a repressão dos instintos vitais e – uma vez que essa repressão não é jamais bem sucedida – uma insinceridade que permeia nossa cultura. Não obstante, essa mesma internalização reforça a individualidade. Ao negar a si mesmo, imitando o sacrifício de Cristo, o indivíduo adquire simultaneamente uma nova dimensão e um novo ideal para moldar sua vida na terra.

Poder-se-ia mostrar que a doutrina cristã do amor, da *caritas*, que foi num primeiro momento bem recebida por aqueles que estavam no poder, ganhou mais tarde um ímpeto próprio, e que a alma cristã acabou finalmente por resistir à própria agência que a fomentara e que propagara a ideia de sua supremacia, a saber, a Igreja. A Igreja estendeu sua influência sobre a vida interior, uma esfera não invadida pelas instituições sociais da antiguidade clássica. Pelo fim da Idade Média, os controles da Igreja, temporais e espirituais, eram crescentemente negligenciados. Há um impressionante paralelismo entre a Reforma e o Iluminismo filosófico a respeito da ideia de indivíduo.

Na era da livre empresa, a assim chamada era do individualismo, a individualidade foi subordinada da forma mais completa à razão autopreservadora. Naquela era, a ideia de individualidade pareceu desvencilhar-se de armadilhas metafísicas e tornar-se apenas uma síntese dos interesses materiais do indivíduo. É discutível que, desse modo, ela não deixou de ser usada como um joguete por ideólogos. O individualismo é o próprio coração da teoria e da prática do liberalismo burguês, que vê a sociedade progredindo por meio da interação automática de interesses divergentes em um livre mercado. O indivíduo podia manter-se como um ser social apenas ao perseguir seus próprios interesses de longo prazo, às custas de gratificações efêmeras imediatas. As qualidades da individualidade forjadas pela disciplina ascética do cristianismo foram assim reforçadas. O indivíduo burguês não se via necessariamente como oposto à coletividade, mas acreditava, ou foi persuadido a acreditar, ser um membro de uma sociedade que poderia alcançar o mais alto grau de harmonia apenas por meio da concorrência irrestrita de interesses individuais.

Pode-se dizer que o liberalismo considerava-se o promotor de uma utopia que se tornara verdade, sendo preciso apenas aparar algumas poucas arestas problemáticas. Essas arestas não eram culpa do princípio liberal, mas dos lamentáveis obstáculos não liberais que impediam sua completa fruição. O princípio do liberalismo levou à conformidade por meio do princípio nivelador do comércio e da troca, que mantinha unida a sociedade liberal. A mônada, um símbolo do século XVII do indivíduo econômico atomizado da sociedade burguesa, tornou-se um tipo social. Todas as mônadas, embora isoladas pelo fosso do autointeresse, tendiam não obstante a tornar-se cada vez mais parecidas por meio da busca desse mesmo autointeresse. Na nossa era de grandes conglomerados econômicos e da cultura de massa, o princípio da conformidade emancipa-se de seu véu individualista, é abertamente proclamado e elevado à posição de um ideal *per se*.

Ascensão e declínio do indivíduo

O liberalismo em seu alvorecer caracterizou-se pela existência de uma multidão de empreendedores independentes, que tomavam conta de sua propriedade e a defendiam contra forças sociais antagônicas. Os movimentos do mercado e a tendência geral da produção estavam enraizados nos requisitos econômicos de suas empresas. Tanto o comerciante quanto o manufatureiro tinham de estar preparados para quaisquer eventualidades econômicas e políticas. Essa necessidade estimulava-os a aprender do passado tudo o que podiam e a formular planos para o futuro. Eles tinham de pensar por si mesmos e, embora sua tão celebrada independência de pensamento não fosse até certo ponto nada mais que uma ilusão, ela tinha objetividade suficiente para servir aos interesses da sociedade em uma dada forma e em um dado período. A sociedade dos proprietários de classe média, particularmente aqueles que atuavam como intermediários no comércio e certos tipos de manufatureiros, tinha de encorajar o pensamento independente, mesmo que este pudesse divergir dos seus interesses particulares. A própria empresa, que, presumia-se, seria herdada pela família, dava às deliberações do homem de negócios um horizonte que se estendia para muito além do seu período de vida. Sua individualidade era a do provedor, orgulhoso de si mesmo e dos seus, convencido de que a comunidade e o Estado repousavam sobre si e sobre outros como ele, todos declaradamente estimulados pelo incentivo do ganho material. Seu senso de adequação aos desafios de um mundo ganancioso expressava-se em seu forte, ainda que sóbrio, ego, resguardando os interesses que transcendiam suas necessidades imediatas.

Nesta época dos grandes negócios, o empresário independente já não é mais um caso típico. O homem comum encontra

Eclipse da razão

cada vez mais dificuldade em fazer planos para seus herdeiros ou mesmo para seu próprio futuro remoto. O indivíduo contemporâneo pode ter mais oportunidades do que seus ancestrais, mas suas perspectivas concretas têm um prazo cada vez mais curto. O futuro não entra tão precisamente em suas transações. Ele simplesmente sente que não estará completamente perdido se preservar sua qualificação e o vínculo com sua corporação, associação ou sindicato. Assim, o sujeito individual da razão tende a tornar-se um ego atrofiado, cativo de um presente evanescente, esquecendo o uso das funções intelectuais pelas quais ele outrora foi capaz de transcender sua efetiva posição na realidade. Essas funções foram agora assumidas pelas grandes forças econômicas e sociais desta época. O futuro do indivíduo depende cada vez menos de sua própria prudência e cada vez mais das lutas nacionais e internacionais entre os colossos do poder. A individualidade perde sua base econômica.

Existem ainda algumas forças de resistência dentro do homem. É uma evidência contra o pessimismo social o fato de que, apesar do contínuo assalto de padrões coletivos, o espírito da humanidade esteja ainda vivo, se não no indivíduo como um membro de grupos sociais, pelo menos no indivíduo na medida em que é deixado sozinho. Mas o impacto das condições existentes sobre a vida do homem comum é tal que o tipo submisso antes mencionado tornou-se esmagadoramente predominante. Desde o dia de seu nascimento, o indivíduo é levado a sentir que há apenas um caminho para se dar bem neste mundo – desistir da esperança de autorrealização absoluta. Isso ele pode atingir apenas pela imitação. Ele reage continuamente ao que percebe sobre si, não apenas conscientemente, mas com

Ascensão e declínio do indivíduo

todo o seu ser, emulando os traços e as atitudes representados por todas as coletividades em que se vê enredado – seu grupo de diversões, seus colegas de classe, sua equipe esportiva e todos os outros grupos que, como apontado, forçam um conformismo mais estrito, uma rendição pela completa assimilação mais radical do que aquela que qualquer pai ou professor no século XIX podia impor. Ecoando, repetindo, imitando seu entorno, adaptando-se a todos os poderosos grupos aos quais ele eventualmente pertença, transformando-se de um ser humano em um membro de organizações, sacrificando suas potencialidades pela disposição e habilidade de conformar-se a tais organizações e nelas ganhar influência, ele logra sobreviver. É a sobrevivência alcançada pelo mais antigo meio biológico de sobrevivência, a saber, pelo mimetismo.

Da mesma forma como uma criança repete as palavras de sua mãe, e o jovem os modos brutos dos mais velhos nas mãos de quem ele sofre, também o imenso alto-falante da indústria cultural, ressoando recreação comercializada e publicidade popular – que se tornam cada vez mais indistinguíveis entre si –, reduplica incessantemente a superfície da realidade. Todos os engenhosos dispositivos da indústria do divertimento reproduzem repetidamente cenas banais da vida, não obstante ilusórias, já que a exatidão técnica da reprodução encobre a falsidade do conteúdo ideológico ou a arbitrariedade da introdução desse conteúdo. Essa reprodução nada tem em comum com a grande arte realista, que retrata a realidade a fim de julgá-la. A moderna cultura de massa, embora se aproveite livremente de valores culturais caducos, glorifica o mundo como ele é. O cinema, o rádio, as biografias e os romances populares têm o mesmo refrão: esse é nosso filão, esse é o canal para o grande

Eclipse da razão

e para aquele que se pretenda grande – esta é a realidade como ela é e deveria ser e será.

Mesmo as palavras que poderiam expressar uma esperança de algo para além dos frutos do sucesso foram postas a seu serviço. A ideia de bem-aventurança eterna e tudo relacionado ao absoluto foram reduzidos à função de edificação religiosa, concebida como uma atividade de passatempo; eles tornaram-se parte do vernáculo da escola dominical. A ideia de felicidade também foi reduzida a uma banalidade a fim de coincidir com o tipo de vida normal que o pensamento religioso sério frequentemente criticou. A própria ideia de verdade foi reduzida ao propósito de uma ferramenta útil no controle da natureza, e a realização das infinitas potencialidades inerentes ao homem foi relegada ao estatuto de luxo. O pensamento que não serve aos interesses de qualquer grupo estabelecido ou que não é pertinente aos negócios de qualquer indústria não tem lugar, é considerado vão ou supérfluo. Paradoxalmente, uma sociedade que, diante da fome em extensas áreas do mundo, permite que grande parte do seu maquinário permaneça ocioso, que engaveta muitas invenções importantes e que dedica inumeráveis horas de trabalho à publicidade idiota e à produção de instrumentos de destruição – uma sociedade à qual esses luxos são inerentes fez da utilidade seu evangelho.

Pelo fato de a sociedade moderna ser uma totalidade, o declínio da individualidade afeta tanto os grupos sociais mais baixos quanto os mais altos, o trabalhador não menos do que o homem de negócios. Um dos mais importantes atributos da individualidade, a ação espontânea, que começou a declinar no capitalismo como resultado da eliminação parcial da concorrência, desempenhou importante papel na teoria socialista.

Ascensão e declínio do indivíduo

Hoje, porém, a espontaneidade da classe trabalhadora tem sido afetada pela dissolução geral da individualidade. O trabalho é crescentemente dissociado das teorias críticas, como formuladas pelos grandes pensadores políticos e sociais do século XIX. Influentes lideranças de trabalhadores, conhecidos como campeões do progresso, atribuem a vitória do fascismo na Alemanha à ênfase dada ao pensamento teórico pela classe trabalhadora daquele país. Na verdade, não é a teoria, mas seu declínio o que promove a rendição aos poderes existentes, representados pelas agências de controle do capital ou do trabalho. Contudo, as massas, apesar de sua maleabilidade, não capitularam completamente à coletivização. Muito embora, sob a pressão da realidade pragmática de hoje, a autoexpressão do homem tenha se tornado idêntica à sua função no sistema predominante, embora ele reprima desesperadamente qualquer outro impulso dentro de si e nos outros, a raiva que o toma sempre que se torna ciente de um anseio não integrado que não se ajusta ao padrão existente é um sinal de seu ressentimento latente. Esse ressentimento, se fosse abolida a repressão, voltar-se-ia contra toda a ordem social, que tem uma tendência intrínseca a evitar que seus membros compreendam os mecanismos de sua própria repressão. Ao longo da história, pressões físicas, organizacionais e culturais sempre desempenharam seu papel na integração do indivíduo a uma ordem justa ou injusta; hoje, as organizações de trabalhadores, em seu próprio esforço para melhorar o *status* do trabalho, são levadas inevitavelmente a contribuir com aquela pressão.

Há uma diferença crucial entre as unidades sociais da era industrial moderna e aquelas de épocas anteriores. As unidades das sociedades mais antigas eram totalidades, no sentido de

Eclipse da razão

que se desenvolveram em entidades hierarquicamente organizadas. A vida da tribo totêmica, do clã, da igreja da Idade Média, da nação na era das revoluções burguesas seguia os padrões ideológicos moldados por desenvolvimentos históricos. Tais padrões – mágicos, religiosos ou filosóficos – refletiam formas correntes de dominação social. Eles constituíam uma argamassa cultural mesmo depois que seu papel na produção se tornou obsoleto; assim, promoveram também a ideia de uma verdade comum. Fizeram isso pelo próprio fato de haverem se tornado objetivados. Qualquer sistema de ideias, religiosas, artísticas ou lógicas, na medida em que é articulado em uma linguagem dotada de sentido, adquire uma conotação geral e reivindica necessariamente ser verdadeiro em um sentido universal.

A validade objetiva e universal reivindicada pelas ideologias das unidades coletivas mais antigas constituíam uma condição essencial de sua existência no corpo da sociedade. Mas os padrões de organização, tais como aqueles da Igreja medieval, não coincidiam ponto por ponto com as formas de vida material. Apenas a estrutura hierárquica e as funções rituais do clero e dos leigos eram estritamente reguladas. À parte delas, nem a própria vida nem seu enquadramento intelectual estavam completamente integrados. Os conceitos espirituais básicos não estavam completamente amalgamados a considerações pragmáticas; assim, eles mantiveram certo caráter autônomo. Havia ainda uma clivagem entre a cultura e a produção. Essa clivagem deixou mais lacunas do que a superorganização moderna, que virtualmente reduz o indivíduo a uma mera célula de reação funcional. As unidades organizacionais modernas, tais como a totalidade do trabalho, são partes orgânicas do sistema socioeconômico.

Ascensão e declínio do indivíduo

As totalidades anteriores, das quais se esperava que se conformassem a um modelo espiritual abstrato, continham um elemento que falta às totalidades puramente pragmáticas do industrialismo. As últimas igualmente possuem uma estrutura hierárquica; mas são minuciosa e despoticamente integradas. Por exemplo, a promoção de seus funcionários a cargos mais altos não é baseada em qualificações relativas a quaisquer ideais espirituais. É quase que exclusivamente uma questão de sua habilidade para manipular pessoas; aqui, aptidões puramente administrativas e técnicas determinam a seleção do pessoal dirigente. Essas capacidades de forma alguma faltavam na liderança hierárquica das sociedades anteriores; mas a dissolução da relação entre as capacidades de liderança e um enquadramento objetivado de ideais espirituais é o que dota as modernas totalidades de seu caráter particular. A Igreja moderna representa um resquício de formas mais antigas; sua sobrevivência depende, no entanto, de uma ampla adaptação à concepção puramente mecânica – que, incidentalmente, o pragmatismo inerente à teologia cristã ajudou a propagar.

A teoria social – reacionária, democrática ou revolucionária – foi a herdeira de sistemas de pensamento mais antigos, dos quais se esperava o estabelecimento de padrões para as totalidades do passado. Esses sistemas mais antigos desapareceram porque as formas de solidariedade por eles postuladas provaram ser ilusórias e as ideologias a eles relacionadas tornaram-se vazias e apologéticas. A tardia crítica da sociedade, por sua vez, absteve-se da apologética e não glorificou seu sujeito – nem mesmo Marx exaltou o proletariado. Ele encarou o capitalismo como a última forma de injustiça social; não compactuou com as ideias e superstições estabelecidas da classe dominada, que

Eclipse da razão

sua doutrina deveria supostamente guiar. Em contraste com as tendências da cultura de massa, nenhuma daquelas doutrinas comprometeu-se a "vender" às pessoas o modo de vida em que estão fixadas, e que elas inconscientemente abominam, mas abertamente aclamam. A teoria social ofereceu uma análise crítica da realidade, inclusive dos próprios pensamentos deformados dos trabalhadores. Sob as condições do industrialismo moderno, no entanto, até mesmo a teoria política está infectada pela tendência apologética da cultura total.

Isso não significa que um retorno às formas mais antigas deveria ser desejável. O relógio não anda para trás, nem o desenvolvimento organizacional pode ser revertido ou mesmo teoricamente rejeitado. A tarefa das massas consiste hoje não em agarrar-se aos modelos partidários tradicionais, mas, antes, em reconhecer o padrão monopolista que se infiltra em suas próprias organizações e infesta individualmente suas mentes, e resistir a ele. No conceito do século XIX de uma sociedade racional futura, a ênfase estava nos mecanismos de planificação, organização e centralização, em vez de na situação do indivíduo. Os partidos trabalhistas parlamentares, eles mesmos um produto do liberalismo, denunciavam a irracionalidade liberal e defendiam uma economia socialista planificada em oposição ao capitalismo anárquico. Defendiam a organização e a centralização sociais como postulados da razão em uma época de irracionalidade. Sob a presente forma do industrialismo, contudo, o outro lado da racionalidade tornou-se manifesto pela sua crescente supressão — o papel do pensamento crítico não conformista na formação da vida social, da espontaneidade do sujeito individual, de sua oposição a padrões prontos de comportamento. Por um lado, o mundo ainda está dividido

Ascensão e declínio do indivíduo

entre grupos hostis e blocos econômicos e políticos. Essa situação demanda organização e centralização, que representam o elemento do geral do ponto de vista da razão. Por outro, o ser humano é, desde sua primeira infância, tão completamente incorporado em associações, times e organizações, que a especificidade (a singularidade), o elemento de particularidade do ponto de vista da razão, é completamente reprimido ou absorvido. Isso vale tanto para o trabalhador quanto para o empresário. No século XIX, o proletariado ainda era bastante amorfo. Isso porque, apesar de sua existência estar dividida em grupos nacionais, em trabalhadores qualificados e não qualificados, em empregados e desempregados, seus interesses podiam ser cristalizados em conceitos econômicos e sociais comuns. O caráter amorfo da população trabalhadora e sua concomitante tendência ao pensamento teórico contrastavam com as totalidades pragmáticas da liderança no mundo dos negócios. A ascensão dos trabalhadores de um papel passivo para um papel ativo no processo capitalista foi alcançada ao preço da integração no sistema geral.

O mesmo processo que, tanto na realidade quanto na ideologia, fez do trabalho um tema econômico transformou o trabalhador, que já era o objeto da indústria, também em objeto do trabalho. À medida que a ideologia se tornou mais realista, mais pé no chão, sua inerente contradição com a realidade, sua absurdidade, cresceu. Enquanto as massas pensam em si mesmas como criadoras de seu próprio destino, elas são objetos de seus líderes. Decerto, qualquer coisa que as lideranças dos trabalhadores conquistem assegura alguma vantagem aos trabalhadores, pelo menos temporariamente. Os neoliberais que se opõem ao sindicalismo entregam-se a um romantismo obsoleto e sua

Eclipse da razão

incursão na economia é mais perigosa do que suas atividades na esfera filosófica. O fato de os sindicatos serem organizados monopolisticamente não significa que seus membros – à parte a aristocracia operária – sejam monopolistas. Significa sim que os líderes controlam a oferta de trabalho, como os chefes de grandes corporações controlam as matérias-primas, as máquinas ou outros elementos da produção. Os líderes dos trabalhadores administram o trabalho, manipulam-no, fazem publicidade dele e tentam estabelecer seu preço o mais alto possível. Ao mesmo tempo, seu próprio poder social e econômico, suas posições e salários, todos enormemente superiores ao poder, à posição e ao salário do trabalhador individual, dependem do sistema industrial.

O fato de a organização do trabalho ser reconhecida como um negócio, como o de qualquer outra empresa, completa o processo de reificação do homem. A força produtiva do trabalhador hoje é não apenas comprada pela fábrica e subordinada aos requisitos da tecnologia, mas é repartida e administrada pelas lideranças dos sindicatos dos trabalhadores.

À medida que as ideologias religiosas e morais desvanecem e a teoria política é abolida pela marcha dos eventos econômicos e políticos,[4] as ideias dos trabalhadores tendem a ser molda-

---

4 O declínio da teoria e sua substituição pela pesquisa empírica, em um sentido positivista, reflete-se não apenas no pensamento político, mas também na sociologia acadêmica. O conceito de classe, em seu aspecto universal, desempenhou um papel essencial na sociologia americana quando esta era jovem. Mais tarde, a ênfase recaiu em pesquisas à luz das quais tal conceito parece cada vez mais metafísico. Os conceitos teóricos, que poderiam vincular a teoria sociológica com o pensamento filosófico, foram substituídos por

Ascensão e declínio do indivíduo

das pela ideologia empresarial dos seus líderes. A ideia de um conflito intrínseco entre as massas trabalhadoras do mundo e a existência de injustiça social é suplantada pelos conceitos relacionados à estratégia de conflitos entre os vários grupos de poder. É verdade que os trabalhadores de antes não tinham qualquer conhecimento conceitual dos mecanismos desvelados pela teoria social, e que suas mentes e corpos carregavam as marcas da opressão; ainda assim, sua miséria era ainda a miséria de seres humanos individuais e, portanto, relacionava-os a qualquer pessoa miserável em qualquer país e em qualquer setor da sociedade. Suas mentes pouco desenvolvidas não estavam continuamente pressionadas pelas técnicas da cultura de massa, que martelam padrões de comportamento industrialistas nos seus olhos e ouvidos e músculos, durante seu tempo livre tanto quanto durante as horas de trabalho. Os trabalhadores hoje, não menos que o restante da população, são intelectualmente mais bem treinados, mais bem informados e muito menos ingênuos. Eles sabem os detalhes dos assuntos nacionais e as chicanas dos movimentos políticos, particularmente daqueles que vivem da propaganda contra a corrupção.

---

signos para grupos de fatos convencionalmente concebidos. A base desse desenvolvimento deve ser buscada no processo social aqui descrito, em vez de no progresso da ciência sociológica. O período no qual a sociologia acreditava em sua "tarefa maior de construir sistemas teóricos sobre a estrutura social e a mudança social", o período anterior à Primeira Guerra Mundial, foi marcado "pela crença generalizada de que a sociologia teórica desempenharia de alguma forma um papel construtivo preponderante no progressivo desenvolvimento da nossa sociedade; a sociologia tinha as grandiosas ambições da juventude" (Page, *Class and American Sociology*, p.249). Suas ambições presentes são certamente menos grandiosas.

Eclipse da razão

Os trabalhadores, pelo menos aqueles que não passaram pelo inferno do fascismo, irão aderir a qualquer perseguição a um capitalista ou político que se tenha destacado por haver violado as regras do jogo; mas eles não questionam as regras em si. Aprenderam a tomar a injustiça social – mesmo a desigualdade dentro do seu próprio grupo – como um fato poderoso e a tomar os fatos poderosos como as únicas coisas a serem respeitadas. Suas mentes estão fechadas para sonhos de um mundo fundamentalmente diferente e para conceitos que, em vez de serem meras classificações de fatos, sejam orientados na direção da efetivação real desses sonhos. As condições econômicas modernas conduzem tanto os membros quanto os líderes dos sindicatos laborais a uma atitude positivista, de forma que se assemelham um ao outro cada vez mais. Tal tendência, embora constantemente contestada por outras contrárias, fortalece o trabalho como uma nova força na vida social.

Não que a desigualdade tenha diminuído. Às antigas discrepâncias entre o poder social dos membros individuais de diferentes grupos sociais foram somadas outras diferenças. Enquanto os sindicatos de certas categorias de trabalho têm sido capazes de aumentar seus preços, todo o peso do poder social opressivo é sentido pelas outras categorias, organizadas ou não. Há, ademais, a clivagem entre os membros dos sindicatos e aqueles que, por qualquer razão, estão deles excluídos; entre as pessoas de nações privilegiadas e aquelas que, neste mundo que se retrai, são dominadas não apenas por sua própria elite tradicional, mas também pelos grupos governantes dos países industrialmente mais desenvolvidos. O princípio não se alterou.

No presente, o trabalho e o capital estão igualmente preocupados em manter e expandir seu controle. Os líderes de

Ascensão e declínio do indivíduo

ambos os grupos argumentam, cada vez mais, que a crítica teórica da sociedade se tornou supérflua por consequência do enorme progresso tecnológico que promete revolucionar as condições da existência humana. Os tecnocratas sustentam que a superabundância de bens produzidos em super linhas de montagem eliminarão automaticamente toda a miséria econômica. Eficiência, produtividade e planificação inteligente são proclamados os deuses do homem moderno; os chamados grupos "improdutivos" e o capital "predatórios" são rotulados como inimigos da sociedade.

É verdade que o engenheiro, talvez o símbolo desta época, não é tão exclusivamente inclinado ao lucro como o industrial ou o comerciante. Uma vez que sua função está mais diretamente vinculada aos requisitos do próprio trabalho produtivo, suas ordens carregam a marca de uma maior objetividade. Seus subordinados reconhecem que pelo menos algumas de suas ordens estão na natureza das coisas e são, portanto, racionais em um sentido universal. Mas, no fundo, essa racionalidade também pertence à dominação, não à razão. O engenheiro não está interessado em entender as coisas por si mesmas ou pelo bem do conhecimento, mas sim segundo seu ajuste a um esquema, pouco importando quão estranho seja este em relação à sua estrutura interna; isso vale para os seres vivos tanto quanto para coisas inanimadas. A mente do engenheiro é aquela do industrialismo em sua forma mais avançada. Seu domínio resoluto faria dos homens uma aglomeração de instrumentos sem qualquer propósito próprio.

A deificação da atividade industrial não conhece limites. O descanso, na medida em que não seja necessário para assegurar o bom preparo para uma atividade posterior, passa a ser enca-

Eclipse da razão

rado como uma espécie de vício. A "filosofia americana", diz Moses F. Aronson,

> postula a realidade de um universo aberto e dinâmico. Um universo fluído não é um lugar para descansar, nem encoraja o deleite estético da contemplação passiva. Um mundo em constante processo de desdobramento estimula a imaginação ativa e convida ao exercício da inteligência muscular.[5]

Ele sente que o pragmatismo "reflete as características de uma mentalidade atlética, cultivada na fronteira, que se debate com as perplexidades engendradas pela maré montante do industrialismo revolvendo-se contra a base de uma economia rural".[6]

No entanto, a diferença entre a "mentalidade cultivada na fronteira" dos verdadeiros pioneiros americanos e aquela dos seus modernos propagadores parece gritante. Os próprios pioneiros não hipostasiavam os meios como fins. Eles abraçaram a dura labuta em sua luta imediata pela sobrevivência; em seus sonhos, possivelmente fantasiavam sobre os prazeres de um universo menos dinâmico e muito mais tranquilo. Eles provavelmente teriam tomado como um valor "o deleite estético da contemplação passiva" em seus conceitos de beatitude ou em seu ideal de uma cultura a ser alcançado.

Seus epígonos tardios, quando adotam uma profissão intelectual na moderna divisão do trabalho, exaltam valores opostos. Ao falarem dos esforços teóricos como "muscu-

---

5 Cf. Beard, *The American Spirit*, p.666.
6 Ibid., p.665.

Ascensão e declínio do indivíduo

lares" e "atléticos", e nesse sentido como um "crescimento inato espontâneo", eles tentam, com uma certa pontada de má consciência, defender a herança de "vida árdua" dos homens de fronteira, além de assimilar sua linguagem ao vocabulário ativo dos trabalhos manuais, particularmente do trabalho na agricultura e na indústria. Eles glorificam a coordenação e a uniformidade até mesmo no reino das ideias. Na síntese da filosofia americana, escreve Aronson, "entraram, por certo, numerosos ingredientes europeus. Esses componentes estrangeiros, contudo, foram assimilados e fundidos em uma unidade autóctone".[7] Quanto mais próximos chegam esses coordenadores de realizar as potencialidades que permitiriam à terra se tornar um lugar de contemplação e deleite, mais eles insistem, como seguidores conscientes ou inconscientes de Johann Gottlieb Fichte, em exaltar a ideia da nação e em venerar a atividade eterna.

Em si, nem a tecnologia nem o ímpeto da autopreservação explicam o declínio do indivíduo; não é a produção *per se*, mas as formas nas quais esta se realiza – as inter-relações dos seres humanos dentro do enquadramento específico do industrialismo. A labuta, a pesquisa e a invenção humanas são uma resposta ao desafio da necessidade. O padrão torna-se absurdo apenas quando as pessoas transformam a labuta, a pesquisa e a invenção em ídolos. Essa ideologia tende a suplantar a fundação humanística da própria civilização que busca glorificar. Enquanto os conceitos de realização completa e de prazer irrestrito alimentaram uma esperança que libertou as forças do progresso de suas amarras, a idolatria do progresso leva ao

---

7 Ibid.

Eclipse da razão

oposto do progresso. O trabalho árduo para um fim dotado de sentido pode ser prazeroso e até mesmo amado. Uma filosofia que faz do trabalho um fim em si mesmo leva, ao fim e ao cabo, ao ressentimento contra todo trabalho. O declínio do indivíduo é de responsabilidade não das conquistas técnicas do homem, nem mesmo do próprio homem – as pessoas são normalmente muito melhores do que pensam, dizem ou fazem –, mas antes da estrutura e do conteúdo presente da "mentalidade objetiva", o espírito que permeia a vida social em todas as suas ramificações. Os padrões de pensamento e ação que as pessoas aceitam prontos das agências de cultura de massas atuam, por sua vez, influenciando a cultura de massa como se fossem as ideias das próprias pessoas. A mentalidade objetiva, em nossa época, venera a indústria, a tecnologia e a nacionalidade, sem qualquer princípio que pudesse dotar essas categorias de sentido; ela espelha a pressão de um sistema econômico que não admite indultos ou escapatórias.

Quanto ao ideal de produtividade, deve-se observar que a significância econômica é medida hoje em termos da utilidade em relação à estrutura de poder, não em relação às necessidades de todos. O indivíduo deve provar seu valor a um ou outro dos grupos engajado na luta por uma maior parcela de controle da economia nacional e internacional. Além disso, a quantidade e qualidade dos bens e serviços com os quais ele contribui para a sociedade é apenas um dos fatores que determinam seu sucesso.

Tampouco se deve confundir a eficiência, o critério moderno e a única justificativa para a própria existência de qualquer indivíduo, com as aptidões técnicas e gerenciais reais. Ela é inerente à habilidade de ser "um dos caras", de garantir o seu, de impressionar os outros, de "vender-se", de cultivar as cone-

Ascensão e declínio do indivíduo

xões certas — talentos que parecem ser transmitidos por meio das células germinativas de muitas pessoas hoje. A falácia do pensamento tecnocrático de S. Simon a Veblen e seus seguidores consiste em subestimar a similaridade dos traços que conduzem ao sucesso nos diferentes ramos da produção e dos negócios, e em confundir o uso racional dos meios de produção com as inclinações racionais de alguns de seus agentes.

Se é certo que a sociedade moderna tende a negar todos os atributos da individualidade, não seriam os seus membros compensados, pode-se perguntar, pela racionalidade de sua organização? Os tecnocratas frequentemente sustentam que quando suas teorias forem colocadas em prática, as crises irão tornar-se uma coisa do passado e as desproporções econômicas básicas desaparecerão; todo o mecanismo produtivo funcionará suavemente de acordo com o planejado. Na verdade, a sociedade moderna não está tão longe de ter realizado o sonho tecnocrático. As necessidades dos consumidores, assim como as dos produtores, que, sob o sistema de mercado liberal, faziam-se sentir de forma distorcida e irracional, em um processo que culminava em crises, podem agora ser em larga medida previstas e satisfeitas ou negadas de acordo com as políticas dos líderes econômicos e políticos. A expressão das necessidades humanas já não é mais distorcida pelos dúbios indicadores econômicos do mercado; em vez disso, essas necessidades são determinadas por estatísticas, e todos os tipos de engenheiros — industriais, técnicos, políticos — lutam para mantê-las sob controle. Mas se essa nova racionalidade está, em certo sentido, mais próxima da ideia de razão do que o sistema de mercado, em outro, ela está mais distante.

As trocas entre os membros de diferentes grupos sociais no sistema antigo eram determinadas de fato não pelo mercado,

Eclipse da razão

mas pela distribuição desigual do poder econômico; ainda assim, a transformação das relações humanas em mecanismos econômicos objetivos deu ao indivíduo, pelo menos em princípio, certa independência. Quando competidores mal sucedidos iam à bancarrota ou grupos atrasados eram reduzidos à miséria, sob a economia liberal, eles podiam preservar um senso de dignidade humana, apesar de terem sido economicamente defenestrados, pois a responsabilidade pela sua situação podia ser atribuída a processos econômicos anônimos. Hoje, os indivíduos ou grupos inteiros podem ainda ser arruinados por forças econômicas cegas; mas estas são representadas por elites mais bem organizadas e poderosas. Embora as inter-relações entre esses grupos dominantes estejam sujeitas a vicissitudes, eles se entendem bem em vários aspectos. Quando a concentração e centralização de forças industriais extinguem, por sua vez, o liberalismo político, as vítimas são condenadas em sua totalidade. Sob o totalitarismo, quando um indivíduo ou um grupo é destacado pela elite para ser discriminado, ele não apenas é privado dos meios de subsistência, mas sua própria essência humana é atacada. A sociedade americana pode tomar um rumo diferente. No entanto, a diminuição do pensamento e da resistência individuais, como a trazida pelos mecanismos econômicos e culturais do industrialismo moderno, tornará a evolução em direção ao humano cada vez mais difícil.

Ao transformar o lema da produção em uma espécie de credo religioso, ao professar ideias tecnocráticas e estigmatizar como "improdutivos" os grupos sem acesso aos grandes bastiões industriais, a indústria leva a sociedade e a si mesma a esquecer que a produção tornou-se, em um grau cada vez maior, um meio na luta pelo poder. As políticas dos líderes

Ascensão e declínio do indivíduo

econômicos, das quais a sociedade em seu estágio presente depende diretamente cada vez mais, são obstinadas e particularistas, e, portanto, talvez ainda mais cegas a respeito das reais necessidades da sociedade do que o eram as tendências automáticas que outrora determinavam o mercado. A irracionalidade ainda molda o destino dos homens.

A era do vasto poder industrial, ao eliminar as perspectivas de um passado e de um futuro estáveis que surgiriam de relações de propriedade aparentemente permanentes, está em vias de liquidar o indivíduo. A deterioração de sua situação é talvez mais bem mensurada em termos de sua insegurança completa a respeito de suas economias pessoais. Enquanto as moedas estavam rigidamente atreladas ao ouro, e o ouro podia transitar livremente entre as fronteiras, seu valor podia variar apenas dentro de estreitos limites. Sob as condições presentes, os perigos de inflação, de uma redução substancial ou de perda completa do poder de compra de suas poupanças espreitam a cada esquina. A posse privada de ouro era o símbolo do domínio burguês. O ouro fazia do burguês de alguma forma o sucessor do aristocrata. Com ele, podia-se garantir segurança para si mesmo e estar razoavelmente seguro de que, mesmo após a sua morte, seus dependentes não seriam completamente devorados pelo sistema econômico. Sua posição mais ou menos independente, baseada em seu direito de trocar bens e dinheiro por ouro e, portanto, baseada em valores relativamente estáveis de propriedade, expressava-se no seu interesse em cultivar sua própria personalidade – não, como hoje, a fim de ter uma melhor carreira ou por qualquer razão profissional, mas pelo bem de sua própria existência individual. O esforço tinha sentido porque a base material da individualidade não era completamente instável. Embora as massas não pudessem aspirar à posição do burguês, a presença de uma relativamente numerosa classe de indivíduos genuinamente interessada em valores humanistas formava o pano de fundo para a espécie de pensamento teórico e o tipo de manifestações artísticas que, em virtude de sua verdade inerente, expressavam as necessidades da sociedade como um todo.

A restrição estatal do direito de possuir ouro é o símbolo de uma mudança completa. Até mesmo os membros da classe média devem resignar-se à insegurança. O indivíduo consola-se pensando que seu governo, sua corporação, sua associação, sua união ou sua companhia de seguros tomará conta dele quando adoecer ou alcançar a idade de aposentadoria. As diversas leis proibindo a posse privada de ouro simbolizam o veredito contra o indivíduo econômico independente. Sob o liberalismo, o mendigo era sempre uma visão desagradável para o rentista. Na era dos grandes negócios, tanto o mendigo quanto o rentista estão desaparecendo. Não existem faixas de segurança nas estradas da sociedade. Todos devem permanecer em movimento. O empresário tornou-se um funcionário; o erudito, um profissional especialista. A máxima do filósofo, *Bene qui latuit, bene vixit* [vive bem que bem se esconde], é incompatível com os ciclos de negócios modernos. Todos estão sob o açoite de uma agência superior. Aqueles que ocupam as posições de comando têm um pouco mais de autonomia que seus subordinados; estão atados pelo poder que exercem.

Cada instrumento da cultura de massa serve para reforçar as pressões sociais sobre a individualidade, impedindo qualquer possibilidade de que o indivíduo de alguma forma se preserve diante de toda a maquinaria atomizante da sociedade moderna.

Ascensão e declínio do indivíduo

A ênfase no heroísmo individual e no *self-made man* em biografias populares e em romances e filmes pseudorromânticos não invalida essa observação.[8] Esses incentivos à autopreservação, fabricados a máquina, na verdade aceleram a dissolução da individualidade. Assim como os slogans de individualismo vigoroso são úteis politicamente aos grandes trustes que buscam isentar-se do controle social, também na cultura de massa a retórica do individualismo, ao impor padrões de imitação coletiva, repudia o próprio princípio por ela defendido da boca para fora. Se, nas palavras de Huey Long, todo homem pode ser um rei, por que não poderia cada garota ser uma rainha do cinema, cuja peculiaridade consiste em ser típica?

O indivíduo já não tem uma história pessoal. Embora tudo mude, nada se movimenta. Ele não precisa de um Zenão ou de um Cocteau, nem de um dialético eleático ou de um surrealista parisiense, para entender o que a Rainha de *Alice através do espelho* quer dizer quando declara: "é preciso correr o máximo possível para permanecer no mesmo lugar"; ou o que o louco de Lombroso expressou em seu belo poema:

> *Noi confitti al nostro orgoglio*
> *Come ruote in ferrei perni,*
> *Ci stanchiamo in giri eterni,*
> *Sempre erranti e sempre qui!*[9]

---

8 Lowenthal, Biographies in popular magazines, *Radio Research*, p.507-48.

9 Lombroso, *The Man of Genius*, p.366. [Trad.: "Cravados em nosso orgulho / Como rodas em eixos de ferro, / Nos cansamos em giros eternos, / Sempre errantes e sempre aqui!". – N. E.].

Eclipse da razão

A objeção de que o indivíduo, apesar de tudo, não desaparece inteiramente nas novas instituições impessoais, de que o individualismo é tão vigoroso e irrestrito como sempre foi, parece errar o alvo. A objeção contém um grão de verdade, a saber, a consideração de que o homem é ainda melhor do que o mundo no qual ele vive. Ainda assim, sua vida parece seguir uma sequência que caberia em qualquer questionário que ele tivesse de completar. Sua existência intelectual exaure-se nas pesquisas de opinião pública. Em especial os assim chamados grandes indivíduos de hoje, os ídolos das massas, não são indivíduos genuínos, mas simplesmente criaturas de sua própria publicidade, ampliações de suas próprias fotografias, funções de processos sociais. O super-homem consumado, contra quem ninguém nos alertou mais apreensivamente do que o próprio Nietzsche, é uma projeção das massas oprimidas; um King Kong mais do que um César Bórgia.[10] O encanto hipnótico que esses super-homens falsificados, como Hitler, exerceram deriva não tanto do que eles pensam ou dizem ou fazem quanto de sua atitude grotesca, que estabelece um estilo de comportamento para homens que, despojados de sua espontaneidade pelo processo industrial, precisam ser ensinados a fazer amigos e influenciar pessoas.

---

10 Edgar Allan Poe disse sobre a grandiosidade: "Que indivíduos tenham se elevado acima de sua raça, isso dificilmente se pode questionar; mas, ao buscar na história traços de sua existência, deveríamos ignorar todas as biografias dos 'bons e grandes' e procurar cuidadosamente nos escassos registros dos infelizes que morreram na prisão, em Bedlam ou no patíbulo" (Poe, *The Portable Poe*, p.660-61).

Ascensão e declínio do indivíduo

As tendências descritas já conduziram à maior catástrofe da história europeia. Algumas de suas causas eram especificamente europeias. Outras provêm de profundas mudanças no caráter do homem sob a influência de tendências internacionais. Ninguém pode predizer com certeza se essas tendências destrutivas serão controladas no futuro próximo. No entanto, há uma consciência crescente de que a insuportável pressão sobre o indivíduo não é inevitável. Pode-se ter esperança de que os homens lograrão ver que essa pressão não provém diretamente dos requisitos puramente técnicos da produção, mas da estrutura social. De fato, a intensificação da repressão em muitas partes do mundo é em si testemunha do temor diante da possibilidade iminente de mudança, sobre a base do desenvolvimento presente das forças produtivas. A disciplina industrial, o progresso tecnológico e o esclarecimento científico, os mesmos processos econômicos e culturais que estão levando à obliteração da individualidade, prometem – embora o augúrio seja bem fraco no presente – inaugurar uma nova era, na qual a individualidade possa reemergir como um elemento de uma forma de existência menos ideológica e mais humana.

O fascismo usou métodos terroristas no esforço de reduzir seres humanos conscientes a átomos sociais porque temia que a crescente desilusão em relação a todas as ideologias pudesse abrir caminho para que os homens percebessem as potencialidades mais profundas deles próprios e da sociedade; e de fato, em alguns casos, a pressão social e o terror político abrandaram a resistência profundamente humana à irracionalidade – uma resistência que é sempre o núcleo da verdadeira individualidade.

Os reais indivíduos de nosso tempo são os mártires que passaram pelo inferno do sofrimento e da degradação em sua

Eclipse da razão

resistência diante da conquista e da opressão, e não as personalidades infladas da cultura popular, os dignitários convencionais. Esses heróis inglórios expuseram conscientemente sua existência como indivíduos à aniquilação terrorista, a qual outros inconscientemente se submetem por meio do processo social. Os mártires anônimos dos campos de concentração são os símbolos da humanidade que luta para nascer. A tarefa da filosofia é traduzir o que eles fizeram em uma linguagem que será ouvida, mesmo que suas vozes finitas tenham sido silenciadas pela tirania.

V
Sobre o conceito de filosofia

A formalização da razão conduz a uma situação cultural paradoxal. Por um lado, o antagonismo destrutivo entre o eu e a natureza, um antagonismo que epitoma a história de nossa civilização, atinge seu pico nesta era. Vimos como a tentativa totalitária de subjugar a natureza reduziu o ego, o sujeito humano, a uma mera ferramenta de repressão. Todas as outras funções do eu, como expressas em conceitos e ideias gerais, foram postas em descrédito. Por outro lado, o pensamento filosófico, cuja tarefa é a de tentar uma reconciliação, veio a negar ou a esquecer a própria existência do antagonismo. O que se chama filosofia, junto com todos os outros ramos da cultura, apenas superficialmente transpõe o abismo, contribuindo, assim, para aumentar os perigos. Um pressuposto subjacente à presente discussão é o de que a consciência filosófica desses processos pode ajudar a revertê-los.

Fé na filosofia significa a recusa em permitir que o medo impeça, de algum modo, a capacidade de alguém pensar. Até recentemente na história ocidental, a sociedade careceu de recursos culturais e tecnológicos suficientes para forjar um entendimento entre indivíduos, grupos e nações. Hoje, as con-

Eclipse da razão

dições materiais existem. O que faltam são homens que entendam que eles próprios são os sujeitos ou os funcionários de sua própria opressão. Pelo fato de existirem todas as condições para o desenvolvimento de tal entendimento, é um absurdo esperar que a noção de "imaturidade das massas" seja sustentável. Além disso, o observador que acompanha o processo social mesmo nas partes mais atrasadas da Europa será obrigado a admitir que aqueles que são guiados são pelo menos tão maduros quanto os pequenos *Führers*, desprezíveis e inflados, aos quais são convocados a seguir com idolatria. A consciência de que, neste exato momento, tudo depende do uso correto da autonomia do homem deveria unir aqueles que não foram silenciados, a fim de defender a cultura contra a ameaça de sua degradação nas mãos de seus falsos amigos conformistas ou contra sua aniquilação nas mãos dos bárbaros entre muros.

O processo é irreversível. As terapias metafísicas que propõem girar a roda da história para trás estão, como dito anteriormente na discussão sobre o neotomismo, viciadas pelo próprio pragmatismo que professam abominar.

> É tarde demais para a luta; e cada medida tomada apenas piora a doença; pois a doença atacou a própria medula da vida espiritual, a saber, a consciência em seu princípio [*Begriff*] último ou sua pura natureza interna. Não resta, portanto, qualquer poder na vida consciente para vencer a doença [...]. Apenas a memória ainda preserva a forma morta do estado prévio do espírito, como uma história acontecida sem que o homem saiba como. E, dessa maneira, a nova serpente da sabedoria, que se eleva diante de adoradores curvados, despoja-se sem dor apenas de uma pele murcha.[1]

---

1 Hegel, *The Phenomenology of Mind*, 1931, p.564-5.

Sobre o conceito de filosofia

As revivificações de ontologias estão entre as medidas que agravam a doença. Pensadores conservadores que descreveram os aspectos negativos do esclarecimento, da mecanização e da cultura de massas frequentemente tentaram mitigar as consequências da civilização ou re-enfatizando velhos ideais ou apontando para novos objetivos que poderiam ser buscados sem o risco de revolução. A filosofia da contrarrevolução francesa e aquela da Alemanha pré-fascista são exemplos da primeira atitude. Sua crítica ao homem moderno é romântica e anti-intelectualista. Outros inimigos do coletivismo propõem ideias mais progressistas como, por exemplo, a ideia de uma confederação europeia ou aquela de uma unidade política para todo o mundo civilizado, como advogado por Gabriel Tarde[2] no fim do século XIX e por Ortega y Gasset[3] atualmente. Embora suas análises da mentalidade objetiva de nossa época sejam muito pertinentes, o próprio conservadorismo educacional deles é, por certo, um de seus elementos. Ortega y Gasset compara as massas a crianças mimadas;[4] a comparação apela apenas para aquelas frações das massas que estão completamente desprovidas de individualidade. Sua censura de que elas seriam ingratas ao passado é um dos elementos da propaganda e da ideologia de massa. O próprio fato de que sua filosofia se incline à acessibilidade popular, isto é, seu caráter pedagógico, a anula como filosofia. Teorias encarnando visões críticas de processos históricos, quando usadas como panaceias, trans-

---

2 Cf. Tarde, particularmente, p.184-8 e p.388-93.

3 Cf. Ortega y Gasset, *The Revolt of the Masses*, particularmente p.196-200.

4 Ibid., p.63-4.

Eclipse da razão

formam-se frequentemente em doutrinas repressoras. Como ensina a história recente, isso vale tanto para as doutrinas radicais quanto para as conservadoras. A filosofia não é nem uma ferramenta, nem uma receita pronta. Ela pode apenas prefigurar o caminho do progresso, delimitado por necessidades lógicas e factuais; ao fazê-lo, pode antecipar a reação de horror e resistência que suscitará a marcha triunfal do homem moderno.

Não existe uma definição de filosofia. Sua definição é idêntica à exposição explícita do que ela tem a dizer. Contudo, alguns comentários sobre as definições e a filosofia podem ajudar a elucidar o papel que a última poderia desempenhar. Eles também nos darão a oportunidade de esclarecer melhor o nosso uso de termos tão abstratos quanto natureza e espírito, sujeito e objeto.

As definições adquirem seus sentidos plenos no decorrer do processo histórico. Elas não podem ser usadas inteligentemente a não ser que aceitemos humildemente que suas penumbras não são facilmente penetráveis por atalhos linguísticos. Se, por medo de possíveis mal-entendidos, concordamos em eliminar os elementos históricos e passamos a oferecer sentenças supostamente atemporais como definições, negamos a nós mesmos a herança intelectual legada à filosofia desde o início do pensamento e da experiência. A impossibilidade de uma completa rejeição como essa é evidenciada no proceder da filosofia "fisicalista" mais anti-histórica dos nossos tempos, o empirismo lógico. Mesmo os seus protagonistas admitem alguns termos indefiníveis, de uso cotidiano, em seus dicionários de ciência estritamente formalizada, pagando tributo, assim, à natureza histórica da linguagem.

A filosofia deve tornar-se mais sensível aos testemunhos mudos da linguagem e sondar as camadas de experiência nela pre-

Sobre o conceito de filosofia

servadas. Cada língua porta um sentido que encarna as formas de pensamento e os padrões de crença enraizados na evolução das pessoas que a falam. Ela é o repositório das variegadas perspectivas do príncipe e do pobre, do poeta e do camponês. Suas formas e conteúdos são enriquecidos ou empobrecidos pelo uso ingênuo que dela faz cada homem. Ainda assim, seria um erro assumir que podemos descobrir o sentido essencial de uma palavra simplesmente perguntando às pessoas que a utilizam. As pesquisas de opinião pública são de pouca serventia nessa busca. Na época da razão formalizada, até mesmo as massas contribuem para a deterioração de conceitos e ideias. O homem nas ruas ou, como ele às vezes é chamado hoje, o homem nos campos e nas fábricas, está aprendendo a usar as palavras de modo quase tão esquemático e a-histórico quanto os especialistas. O filósofo deve evitar o seu exemplo. Ele não pode falar sobre o homem, o animal, a sociedade, o mundo, a mente e o pensamento como um cientista natural fala de uma substância química: o filósofo não possui a fórmula.

Não há fórmula. A descrição adequada, desdobrando o sentido de qualquer um desses conceitos, com todas as suas sombras e interconexões com outros conceitos, é ainda a principal tarefa. Aqui, a palavra, com suas camadas semiesquecidas de sentido e de associação, é um princípio orientador. Essas implicações têm de ser re-experienciadas e preservadas, por assim dizer, em ideias mais esclarecidas e universais. Hoje, pode-se muito facilmente ser induzido a evitar a complexidade rendendo-se à ilusão de que as ideias básicas serão clarificadas pela marcha da física e da tecnologia. O industrialismo pressiona até mesmo os filósofos a conceber seu trabalho nos termos do processo de produção de garfos e facas padronizados.

Eclipse da razão

Alguns deles parecem pensar que os conceitos e as categorias deveriam sair de suas oficinas com um corte preciso e parecendo novos em folha.

> Assim, a definição renuncia, por si mesma, aos termos-conceitos propriamente ditos, que seriam essencialmente os princípios dos objetos, e contenta-se com *características*, isto é, com determinações, nas quais a *essencialidade* é indiferente ao objeto, e que servem apenas como *sinais de distinção* para a reflexão externa. Uma determinação desse tipo, singular e *externa*, é tão inteiramente inadequada à totalidade concreta e à natureza de seu conceito que sua escolha exclusiva não se justifica, nem se poderia supor que uma totalidade concreta teria nela sua verdadeira expressão e caráter.[5]

Cada conceito deve ser visto como um fragmento de uma verdade inclusiva na qual ele encontra seu sentido. É precisamente a construção da verdade a partir de tais fragmentos o que constitui a preocupação primeira da filosofia.

Não existe via régia para uma definição. A visão de que os conceitos filosóficos devem ser fixados, identificados e usados apenas quando seguem exatamente os ditames da lógica da identidade é um sintoma da busca pela certeza, o impulso demasiado humano de podar as necessidades intelectuais para que elas caibam no bolso. Seria impossível converter um conceito em outro sem danificar sua identidade, como fazemos quando falamos de um homem ou de uma nação ou de uma classe social que

---

5 *Hegel's Logic of World and Idea* (Tradução das segunda e terceira partes da Lógica Subjetiva), com "Introduction on idealism limited and absolute", por Henry S. Macran, p.153 (Sec.3, cap.2).

Sobre o conceito de filosofia

permanece idêntica, embora suas qualidades e todos os aspectos de sua existência material sofram mudanças. Assim, o estudo da história pode provar que os atributos da ideia de liberdade têm estado em constante processo de transformação. Os postulados dos partidos políticos que lutaram por ela podem ter sido contraditórios até na mesma geração; ainda assim, persiste a ideia idêntica, que faz toda a diferença do mundo entre esses partidos ou indivíduos, por um lado, e os inimigos da liberdade, por outro. Se é verdade que devemos saber o que é liberdade a fim de determinar quais partidos na história lutaram por ela, não é menos verdade que devemos conhecer o caráter desses partidos a fim de determinar o que é liberdade. A resposta está nos contornos concretos das épocas da história. A definição de liberdade é a teoria da história e vice-versa.

A estratégia de fixação característica da e justificada pela ciência natural, e onde quer que o uso prático seja o objetivo, manipula os conceitos como se eles fossem átomos intelectuais. Os conceitos são agrupados para formar enunciados e proposições, e estes, por sua vez, são combinados para formar sistemas. Ao longo do processo, os constituintes atômicos do sistema permanecem inalterados. Tem-se a impressão de que eles atraem e repelem uns aos outros em cada lugar no mecanismo, de acordo com os princípios familiares da lógica tradicional — as leis da identidade, da contradição, do *tertium non datur* etc. —, que usamos, quase instintivamente, em cada ato de manipulação. A filosofia segue um método diferente. Decerto, ela também emprega esses princípios consagrados, mas, em seu procedimento, esse esquematismo é transcendido, não pela sua negação arbitrária, mas por meio de atos de cognição em que a estrutura lógica coincide com os traços essenciais do objeto.

Eclipse da razão

A lógica, de acordo com a filosofia, é a lógica do objeto tanto quanto a do sujeito; é uma teoria abrangente das categorias e relações básicas da sociedade, da natureza e da história.

O método formalista de definição revela-se particularmente inadequado quando aplicado ao conceito de natureza. Pois definir natureza e seu complemento, o espírito, significa inevitavelmente pôr ou o seu dualismo ou a sua unidade, e pôr um ou outro como um absoluto, como um "fato", enquanto, na verdade, essas duas categorias filosóficas fundamentais estão inextricavelmente interconectadas. O próprio conceito de "fato" só pode ser compreendido como uma consequência da alienação da consciência humana em relação à natureza humana e extra-humana, o que, por sua vez, é uma consequência da civilização. Essa consequência, decerto, é estritamente real: o dualismo entre a natureza e o espírito não pode ser negado em favor de sua suposta unidade original, da mesma forma que não podem ser revertidas as tendências históricas reais refletidas nesse dualismo. Afirmar a unidade entre a natureza e o espírito significa tentar romper com a situação presente por meio de um impotente *coup de force*, em vez de transcendê-la intelectualmente em conformidade com as potencialidades e tendências a ela inerentes.

Na realidade, qualquer filosofia que termine na afirmação da unidade entre a natureza e o espírito como um dado supostamente definitivo, isto é, todo tipo de monismo filosófico, serve para reforçar a ideia da dominação da natureza pelo homem, cujo caráter ambivalente tentamos mostrar. A própria tendência de postular a unidade representa uma tentativa de consolidar a pretensão do espírito à dominação total, mesmo quando essa unidade seja postulada em nome do oposto absoluto do espírito, ou seja, em nome da natureza: pois supostamente nada deve

Sobre o conceito de filosofia

permanecer fora do conceito que tudo abarca. Assim, mesmo a afirmação da primazia da natureza oculta dentro de si a afirmação da soberania absoluta do espírito, já que é o espírito que concebe essa primazia da natureza e subordina tudo a ela. Tendo em vista esse fato, pouco importa saber em qual dos dois extremos a tensão entre natureza e espírito é resolvida – se a unidade é advogada em nome do espírito absoluto, como no idealismo, ou em nome da natureza absoluta, como no naturalismo.

Historicamente, esses dois tipos contraditórios de pensamento serviram aos mesmos propósitos. O idealismo glorificou o mero existente, representando-o, não obstante, como espiritual em essência; ocultou os conflitos básicos da sociedade por detrás da harmonia de suas construções conceituais e, em todas as suas formas, promoveu a mentira que eleva o existente ao nível de Deus, atribuindo-lhe um "sentido" que ele perdeu em um mundo antagônico. O naturalismo – como vimos no exemplo do darwinismo – tende a uma glorificação daquele poder cego sobre a natureza, que supostamente tem por modelo o jogo cego das próprias forças naturais; ele é quase sempre acompanhado por um elemento de desprezo pela humanidade – suavizado, é bem verdade, pela gentileza cética, a atitude de um médico balançando a cabeça –, um desprezo que está no fundo de muitas formas de pensamento semiesclarecido. Quando se afirma ao homem que ele é natureza e nada mais que natureza, ele se torna, no melhor dos casos, objeto de pena. Passivo, como tudo que é apenas natureza, espera-se que ele seja um objeto de "tratamento", um ser por fim dependente de uma liderança mais ou menos benevolente.

As teorias que fracassam em diferenciar o espírito da natureza objetiva, e que o definem pseudocientificamente como natureza,

187

Eclipse da razão

esquecem que o espírito também se tornou não natureza, que, mesmo que não fosse nada mais que um reflexo da natureza, ele ainda assim transcende, em virtude desse seu caráter de reflexo, o *hinc et nunc*. Excluir essa qualidade do espírito — a de que ele é, a um só tempo, idêntico à e diferente da natureza — conduz diretamente à visão de que o homem não é essencialmente nada mais do que um elemento e um objeto de processos naturais cegos. Como um elemento da natureza, ele é como a terra da qual é feito; como terra, ele tem pouca importância de acordo com os padrões de sua própria civilização — cujos autômatos, arranha-céus e artefatos modernos e complicados são, em certo sentido, valorados segundo a circunstância de que o homem não vale mais do que a matéria-prima de suas fúteis metrópoles.

A real dificuldade no problema da relação entre espírito e natureza é que hipostasiar a polaridade dessas duas entidades é tão inadmissível quanto reduzir uma a outra. Essa dificuldade expressa a difícil situação de todo pensamento filosófico. Este inevitavelmente é conduzido ao uso de abstrações tais como "natureza" e "espírito", enquanto que cada uma dessas abstrações implica uma representação falsa da existência concreta — o que, em última instância, afeta a própria abstração. Por essa razão, os conceitos filosóficos, quando abstraídos do processo pelo qual foram obtidos, tornam-se inadequados, vazios, falsos. A pressuposição de uma dualidade última é inadmissível — não apenas porque a exigência tradicional e altamente questionável de um princípio último seja logicamente incompatível com uma construção dualista, mas por causa do conteúdo dos conceitos em questão. Os dois polos não podem ser reduzidos a um princípio monista, ainda que sua dualidade também deva ser, em larga medida, entendida como um produto.

Sobre o conceito de filosofia

Desde o tempo de Hegel, muitas doutrinas filosóficas têm gravitado em torno da relação dialética entre natureza e espírito. Apenas alguns importantes exemplos de especulação sobre esse tema serão aqui mencionados. *One Experience*, de F. H. Bradley, pretende indicar a harmonia dos elementos conceituais divergentes. A ideia de experiência de John Dewey está profundamente relacionada à teoria de Bradley. Dewey, que, em outras passagens, fazendo do sujeito uma parte da natureza, subscreve ao naturalismo *tout court*, denomina de experiência "algo que não é nem o sujeito ou o objeto isolados e exclusivos, matéria ou mente, nem a soma dos dois".[6] Logo, ele demonstra pertencer à geração que desenvolveu a *Lebensphilosophie*. Bergson, cujo grande ensinamento parece ser um esforço de superar a antinomia, manteve a unidade em conceitos como *durée* e *élan vital* e manteve a separação ao postular um dualismo entre ciência e metafísica e, por correspondência, entre não vida e vida. Georg Simmel[7] desenvolveu a doutrina da capacidade da vida de transcender a si mesma. No entanto, o conceito de vida subjacente a todas essas filosofias denota um reino da natureza. Mesmo quando o espírito é definido como o mais alto estágio da vida, como na teoria metafísica de Simmel, o problema filosófico é ainda decidido em favor de um naturalismo refinado, contra o qual a filosofia de Simmel é, ao mesmo tempo, um protesto constante.

O naturalismo não está totalmente errado. O espírito está inseparavelmente relacionado ao seu objeto, à natureza. Isso é verdadeiro não apenas a respeito de sua origem, o propósito

---

6 Dewey, *Experience and Nature*, p.28.

7 Cf. particularmente Simmel, *Lebensanschauung* e *Der Konflikt der Modernen Kultur*.

Eclipse da razão

de autopreservação, que é o princípio da vida natural, e não apenas logicamente, no sentido de que todo ato espiritual implica algum tipo de matéria ou "natureza"; mas quanto mais imprudentemente o espírito é posto como um absoluto, mais ele corre o risco de regredir a puro mito e de modelar-se de acordo justamente com a mera natureza que ele pretende absorver em si ou mesmo criar. Logo, as especulações idealistas mais extremas levaram a filosofias da natureza e da mitologia; quanto mais o espírito, libertado de qualquer restrição, tenta reivindicar como seu próprio produto não apenas as formas da natureza, como no kantismo, mas também sua substância, tanto mais ele perde sua substância específica e mais as suas categorias tornam-se metáforas da repetição eterna de sequências naturais. Os problemas epistemologicamente insolúveis do espírito fazem-se sentir em todas as formas de idealismo. Embora se sustente que o espírito é a justificação ou mesmo a fonte de toda existência e da natureza, refere-se a seu conteúdo sempre como algo fora da razão autônoma, mesmo que apenas na forma algo abstrata do dado; essa aporia inevitável de todas as teorias do conhecimento testemunha o fato de que o dualismo entre natureza e espírito não pode ser posto no sentido de uma definição, como a teoria cartesiana clássica das duas substâncias teria feito. Por um lado, cada um dos dois polos foi arrancado do outro pela abstração; por outro, sua unidade não pode ser concebida nem assegurada como um fato dado.

A questão fundamental discutida neste livro – a relação entre os conceitos subjetivo e objetivo de razão – deve ser tratada à luz das reflexões precedentes sobre o espírito e a natureza, o sujeito e o objeto. O que foi referido no primeiro capítulo como razão subjetiva é aquela atitude da consciência que se ajusta sem

Sobre o conceito de filosofia

reservas à alienação entre o sujeito e o objeto, ao processo social da reificação, pelo temor de que se poderia, de outra forma, cair em irresponsabilidade, em arbitrariedade, e tornar-se um mero jogo de ideias. Os atuais sistemas de razão objetiva, por outro lado, representam tentativas de evitar a capitulação da existência à contingência e ao acaso cego. Mas os proponentes da razão objetiva correm o risco de ficar para trás dos desenvolvimentos industriais e científicos, de afirmar um sentido que se revele ilusório e de criar ideologias reacionárias. Da mesma forma que a razão subjetiva tende ao materialismo vulgar, a razão objetiva manifesta uma inclinação ao romantismo, e a maior tentativa filosófica de interpretar a razão objetiva, a de Hegel, deve sua força incomparável à sua visão crítica desse perigo. Como materialismo vulgar, a razão subjetiva dificilmente pode evitar cair no niilismo cínico; as tradicionais doutrinas afirmativas da razão objetiva têm uma afinidade com a ideologia e com mentiras. Os dois conceitos de razão não representam duas modalidades separadas e independentes de mentalidade, embora sua oposição represente uma antinomia real.

A tarefa da filosofia não é a de jogar, teimosamente, um conceito contra o outro, mas a de promover uma crítica mútua e, assim, se possível, preparar no domínio intelectual a reconciliação dos dois na realidade. A máxima de Kant "apenas o caminho da crítica ainda está aberto", que se referia ao conflito entre a razão objetiva do dogmatismo racionalista e o raciocínio subjetivo do empirismo inglês, vale de modo ainda mais pertinente para a situação atual. Uma vez que a razão subjetiva isolada, nos nossos dias, triunfa por toda parte, com resultados fatais, a crítica deve necessariamente ser levada a cabo com ênfase na razão objetiva, em vez de nos remanescentes da filosofia subje-

Eclipse da razão

tivista, cujas tradições genuínas, à luz da subjetivação avançada, agora parecem em si objetivistas e românticas.

No entanto, essa ênfase na razão objetiva não significa que se trate de uma decisão filosófica, para usar a fraseologia das teologias requentadas de hoje em dia. Pois da mesma forma que o dualismo absoluto entre o espírito e a natureza, o dualismo entre a razão subjetiva e objetiva é apenas uma aparência, embora uma aparência necessária. Os dois conceitos estão entrelaçados, no sentido de que a consequência de cada um não apenas dissolve o outro, mas também retorna a ele. O elemento de inverdade não reside simplesmente na essência de cada um dos dois conceitos, mas na hipóstase de um contra o outro. Tal hipóstase resulta da contradição básica da condição humana. Por um lado, a necessidade social de controlar a natureza sempre condicionou a estrutura e as formas do pensamento humano e, assim, deu primazia à razão subjetiva. Por outro, a sociedade não podia reprimir completamente a ideia de algo transcendendo a subjetividade do autointeresse, ao qual o eu não podia deixar de aspirar. Até mesmo a reconstrução divorciada e formal dos dois princípios como separados repousa em um elemento de necessidade e de verdade histórica. Por meio de sua autocrítica, a razão deve reconhecer as limitações dos dois conceitos opostos de razão; ela deve analisar o desenvolvimento da clivagem entre os dois, perpetuada enquanto tal por todas as doutrinas que tendem a triunfar ideologicamente sobre a antinomia filosófica em um mundo antinômico.

Tanto a separação quanto a inter-relação dos dois conceitos devem ser compreendidas. A ideia de autopreservação, o princípio que está conduzindo a razão subjetiva à loucura, é a própria ideia que pode salvar a razão objetiva do mesmo

Sobre o conceito de filosofia

destino. Aplicado à realidade concreta, isso significa que apenas uma definição das finalidades objetivas da sociedade que inclua o propósito da autopreservação do sujeito, o respeito pela vida individual, merece ser chamada de objetiva. O motivo consciente ou inconsciente que inspirou a formulação dos sistemas de razão objetiva foi a percepção da impotência da razão subjetiva a respeito de sua própria finalidade de autopreservação. Esses sistemas metafísicos expressam, de forma parcialmente mitológica, a visão de que a autopreservação só pode ser alcançada em uma ordem supraindividual, isto é, por meio da solidariedade social.

Se quisermos falar de uma doença afetando a razão, essa doença deveria ser entendida não como algo que assolou a razão em algum momento histórico específico, mas como inseparável da natureza da razão na civilização como até agora a conhecemos. A doença da razão é que a razão nasceu da ânsia do homem para dominar a natureza, e sua "recuperação" depende da compreensão da natureza da doença original, não de uma cura dos seus sintomas tardios. A verdadeira crítica da razão irá necessariamente desvelar as camadas mais profundas da civilização e explorará sua história mais remota. Desde o tempo em que a razão se tornou instrumento para a dominação da natureza humana e extra-humana pelo homem – ou seja, desde os seus primórdios –, ela tem-se frustrado em sua própria intenção de descobrir a verdade. Isto se deve ao próprio fato de que ela fez da natureza um mero objeto e de que fracassou em descobrir o traço de si mesma em tal objetivação, nos conceitos de matéria e de coisas tanto quanto nos conceitos de deuses e de espírito. Alguém poderia dizer que a loucura coletiva que se alastra hoje dos campos de concentração às reações

Eclipse da razão

aparentemente mais inofensivas da cultura de massa já estava presente em germe na objetivação primitiva, na contemplação calculista, pelo primeiro homem, do mundo como uma presa. A paranoia, a loucura que edifica teorias logicamente elaboradas de perseguição, não é apenas uma paródia da razão, mas está de algum modo presente em toda forma de razão que consista na mera busca de objetivos.

Logo, o transtorno da razão vai muito além das óbvias deformações que a caracterizam no presente. A razão só pode tomar consciência de sua razoabilidade refletindo sobre a doença do mundo enquanto produzida e reproduzida pelo homem; nessa autocrítica, a razão permanecerá, ao mesmo tempo, fiel a si mesma, preservando e aplicando, sem motivo ulterior, o princípio da verdade que devemos somente à razão. A sujeição da natureza reverter-se-á em sujeição do homem e vice-versa enquanto este não entender sua própria razão e o processo básico pelo qual ele criou e está mantendo o antagonismo que está a ponto de destruí-lo. A razão só pode ser mais que natureza percebendo concretamente sua "naturalidade", que consiste em sua tendência à dominação – a mesma tendência que, paradoxalmente, a aliena da natureza. Assim, sendo o instrumento da reconciliação, ela será também mais do que um instrumento. As mudanças de direção, os avanços e retrocessos desse esforço refletem o desenvolvimento da definição de filosofia.

A possibilidade de uma autocrítica da razão pressupõe, primeiro, que o antagonismo entre razão e natureza está em uma fase aguda e catastrófica e, segundo, que neste estágio de completa alienação a ideia de verdade é ainda acessível.

O aprisionamento dos pensamentos e das ações dos homens pelas formas do industrialismo extremamente desenvolvido e

Sobre o conceito de filosofia

o declínio da ideia de indivíduo sob o impacto da extensiva maquinaria da cultura de massa criam os prerrequisitos para a emancipação da razão. Em todas as épocas, o bem tem mostrado os traços da opressão na qual se originou. Assim, a ideia de dignidade do homem nasce da experiência de formas bárbaras de dominação. Durante as fases mais cruéis do feudalismo, a dignidade era um atributo do poder. Imperadores e reis portavam auréolas. Eles exigiam e recebiam veneração. Quem fosse negligente na reverência era punido, quem cometesse o crime de *lèse majesté* era condenado à morte. Hoje, libertada de sua origem sangrenta, a noção de dignidade do indivíduo é uma das ideias que definem uma organização humana de sociedade.

Os conceitos de lei, de ordem, de justiça e de individualidade tiveram uma evolução similar. O homem medieval refugiou-se da justiça apelando à misericórdia. Hoje, lutamos pela justiça, uma justiça universalizada e transvalorada, que inclui a igualdade e a misericórdia. Desde os déspotas asiáticos, os faraós e os oligarcas gregos até os príncipes mercantes e os *condottieri* da Renascença e os líderes fascistas de nossa própria época, o valor do indivíduo foi exaltado por aqueles que tiveram oportunidade de desenvolver suas individualidades às custas dos outros.

Várias vezes na história, as ideias despiram-se de suas vestimentas infantis e chocaram-se contra os sistemas sociais que as sustentavam. A causa disso, em larga medida, é que o espírito, a linguagem e todos os domínios da mente sustentam necessariamente aspirações universais. Mesmo os grupos dominantes, preocupados antes de tudo em defender seus interesses particulares, devem enfatizar motivos universais na religião, na moralidade e na ciência. Assim se origina a contradição entre o existente e a ideologia, uma contradição que

Eclipse da razão

impulsiona todo o progresso histórico. Enquanto o conformismo pressupõe a harmonia básica entre os dois e atribui as discrepâncias menores à própria ideologia, a filosofia torna os homens conscientes da contradição entre eles. Por um lado, ela avalia a sociedade à luz das próprias ideias que esta reconhece como seus valores mais elevados; por outro, ela é ciente de que essas ideias refletem as máculas da realidade.

Esses valores e ideias são inseparáveis das palavras que os expressam e a abordagem da linguagem pela filosofia é, de fato, como indicado acima, um de seus aspectos mais cruciais. Os variáveis conteúdos e ênfases das palavras registram a história da nossa civilização. A linguagem reflete os anseios dos oprimidos e a condição da natureza; ela libera o impulso mimético (cf. p.128 et seq.). A transformação desse impulso em meio universal de linguagem, e não em ação destrutiva, significa que energias potencialmente niilistas trabalham pela reconciliação. É isto que constitui o antagonismo fundamental e intrínseco entre a filosofia e o fascismo. O fascismo tratava a linguagem como um instrumento de poder, como um meio de armazenar conhecimento para o uso na produção e para a destruição, tanto na guerra quanto na paz. As tendências miméticas reprimidas foram cerceadas da expressão linguística adequada e empregadas como meio de exterminar toda oposição. A filosofia auxilia o homem a acalmar seus temores auxiliando a linguagem a realizar sua função mimética genuína, sua missão de espelhar as tendências naturais. A filosofia caminha junto com a arte ao refletir a paixão por meio da linguagem, transferindo-a, assim, à esfera da experiência e da memória. Se à natureza é dada a oportunidade de espelhar-se no reino do espírito, ela conquista certa tranquilidade ao contemplar sua própria imagem. Esse processo está no coração de toda a

Sobre o conceito de filosofia

cultura, particularmente no da música e das artes plásticas. A filosofia é o esforço consciente de costurar todo nosso conhecimento e compreensão em uma estrutura linguística na qual as coisas sejam chamadas por seus nomes corretos. Contudo, ela espera encontrar esses nomes não em palavras ou frases isoladas – o método buscado nas doutrinas das seitas orientais e que pode ainda ser remontado às histórias bíblicas do batismo de coisas e de homens –, mas no esforço teórico contínuo de desenvolvimento da verdade filosófica.

Esse conceito de verdade – a adequação entre o nome e a coisa –, inerente a toda filosofia genuína, permite ao pensamento resistir aos efeitos desmoralizantes e mutiladores da razão formalizada, ou mesmo superá-los. Os sistemas clássicos de razão objetiva, como o platonismo, parecem ser insustentáveis porque são glorificações de uma ordem inexorável do universo e, portanto, mitológicos. Mas é a esses sistemas, e não ao positivismo, que devemos gratidão por terem preservado a ideia de que a verdade é a correspondência da linguagem à realidade. Seus defensores estavam errados, no entanto, ao pensar que podiam alcançar essa correspondência em sistemas eternizantes e ao deixarem de ver que o próprio fato de viverem em meio à injustiça social impedia a formulação de uma ontologia verdadeira. A história provou que todas essas tentativas são ilusórias.

Diferentemente da ciência, a ontologia, o coração da filosofia tradicional, tenta derivar as essências, as substâncias e as formas das coisas de algumas ideias universais que a razão imagina encontrar em si mesma. Mas a estrutura do universo não pode ser derivada de quaisquer princípios primeiros que descobrimos nas nossas mentes. Não há fundamento para que se acredite que as qualidades mais abstratas de uma coisa devam ser consideradas primárias ou essenciais. Talvez mais do

Eclipse da razão

que qualquer outro filósofo, Nietzsche percebeu essa fraqueza fundamental da ontologia.

> A outra idiossincrasia dos filósofos não é menos perigosa; consiste em confundir as coisas últimas com as primeiras. Eles situam aquilo que aparece por último [...], "o conceito mais elevado", isto é, o mais geral, o mais vazio, a derradeira nuvem de fumaça da realidade que evapora, no início enquanto início. Esta, novamente, é apenas a maneira deles de expressar veneração: a coisa mais elevada não deveria ter surgido da mais baixa, ela nem deveria ter surgido [...]. Assim, eles chegam ao seu estupendo conceito de "Deus". Este, a coisa mais vazia e tênue, é postulado como coisa primeira, como causa absoluta, como *"ens realissimum"*. Incrível que a humanidade leve a sério as doenças mentais desses mórbidos fiandeiros de teias de aranhas! E ela pagou caro por isso.[8]

Por que deveria ser atribuída precedência ontológica à qualidade logicamente primeira ou a mais geral? Os conceitos hierarquizados na ordem das suas generalidades espelham a repressão do homem sobre a natureza, em vez da própria estrutura da natureza. Quando Platão ou Aristóteles dispuseram os conceitos de acordo com sua prioridade lógica, eles não os derivavam das afinidades secretas das coisas, mas, inadvertidamente, das relações de poder. A descrição de Platão da "grande cadeia do ser" mal esconde sua dependência de noções tradicionais do governo do Olímpio e, assim, da realidade social da cidade-estado. O logicamente primeiro não está mais próximo do cerne de uma coisa do que o temporalmente primeiro; igualar a prioridade com a essência da natureza ou do

---

8 Nietzsche, *The Twilight of the Idols*, p.19.

Sobre o conceito de filosofia

homem significa degradar os humanos ao estado bruto ao qual o ímpeto do poder tende a reduzi-los na realidade, ao estatuto de meros "seres". O maior argumento contra a ontologia é o de que os princípios que o homem descobre em si mesmo pela meditação, as verdades emancipatórias que ele tenta encontrar, não podem ser aquelas da sociedade ou do universo, porque nenhum deles é feito à imagem do homem. A ontologia filosófica é inevitavelmente ideológica porque tenta obscurecer a separação entre o homem e a natureza e manter uma harmonia teórica que é desmentida a todo momento pelos lamentos dos miseráveis e deserdados.

Por mais distorcidos que possam ser, os grandes ideais da civilização – justiça, igualdade, liberdade – são protestos da natureza contra a sua condição, os únicos testemunhos formulados que possuímos. Em relação a eles, a filosofia deveria assumir uma atitude bifronte. (1) Ela deveria negar suas pretensões de serem encarados como a verdade última e infinita. Sempre que um sistema metafísico apresenta esses testemunhos como princípios absolutos ou eternos, ele expõe a relatividade histórica deles. A filosofia rejeita a veneração do finito, não apenas dos ídolos políticos e econômicos brutos, tais como a nação, o líder, o sucesso ou o dinheiro, mas também dos valores éticos ou estéticos, como a personalidade, a felicidade, a beleza ou até mesmo a liberdade, na medida em que eles pretendem ser absolutos e independentes. (2) Dever-se-ia admitir que as ideias culturais básicas têm valor de verdade, e a filosofia deveria mensurá-las a partir do contexto social do qual emanam. Ela opõe-se à cisão entre as ideias e a realidade. A filosofia confronta o existente, em seu contexto histórico, com as demandas dos seus princípios conceituais, a fim de criticar a relação entre os dois e, desse modo, transcendê-los. A

Eclipse da razão

filosofia deriva seu caráter positivo precisamente da interação desses dois procedimentos negativos.

A negação desempenha um papel crucial na filosofia. A negação é dupla – negação das pretensões absolutas da ideologia dominante e negação das pretensões impetuosas da realidade. A filosofia na qual a negação é um elemento não deve ser equiparada ao ceticismo. O último usa a negação de um modo formalista e abstrato. A filosofia toma a sério os valores existentes, mas insiste que eles se tornem parte de um todo teórico que revela sua relatividade. Na medida em que sujeito e objeto, palavra e coisa, não podem ser integrados sob as condições presentes, somos levados, pelo princípio da negação, a tentar salvar verdades relativas dos escombros dos falsos absolutos. As escolas de filosofia cética e positivista não encontram em conceitos gerais qualquer sentido que valeria a pena ser salvo. Por conta obviamente de sua própria parcialidade, caem em contradições insolúveis. Por outro lado, o idealismo objetivo e o racionalismo insistem, acima de tudo, no significado eterno dos conceitos e das normas gerais, indiferentes a suas derivações históricas. Cada escola é igualmente confiante em sua própria tese e hostil ao método da negação, atrelado inseparavelmente a qualquer teoria filosófica que não detém arbitrariamente o pensar em algum ponto de seu percurso.

Alguns cuidados contra possíveis equívocos fazem-se necessários. Dizer que a essência ou o lado positivo do pensamento filosófico consiste em entender a negatividade e a relatividade da cultura existente não implica que a posse desse conhecimento constitua, em si, a superação dessa situação histórica. Assumir isso seria confundir a verdadeira filosofia com a interpretação idealista da história e perder de vista o cerne da teoria dialética, a saber, a diferença básica entre o ideal

Sobre o conceito de filosofia

e o real, entre a teoria e a prática. A identificação idealista da sabedoria, mesmo que profunda, com a realização – pela qual se entende a reconciliação entre o espírito e a natureza – fortalece o ego apenas para dele roubar seus conteúdos, isolando-o do mundo exterior. As filosofias que olham exclusivamente para um processo interno em busca da libertação futura terminam como ideologias vazias. Como antes observado, a concentração helenística na pura interioridade permitiu que a sociedade se tornasse uma selva de poderosos interesses, o que destruiu todas as condições materiais necessárias para a segurança do princípio interior.

Seria, então, o ativismo, especialmente o ativismo político, o único meio de realização, como há pouco definido? Eu hesitaria em dizer que sim. Esta época não necessita de qualquer estímulo adicional à ação. Não se deve transformar a filosofia em propaganda, mesmo que para o melhor dos propósitos. O mundo já tem propaganda demais. Não se espera que a linguagem sugira ou pretenda nada mais do que propaganda. Alguns leitores deste livro podem pensar que ele representa uma propaganda contra a propaganda e acabem por conceber cada palavra como uma sugestão, um *slogan* ou uma prescrição. A filosofia não se interessa em expedir ordens. A situação intelectual é tão confusa que mesmo esta própria afirmação pode, por sua vez, ser interpretada como oferecendo um conselho tolo contra a obediência a qualquer ordem, mesmo àquela que poderia salvar nossas vidas; de fato, ela pode mesmo ser interpretada como uma ordem dirigida contra as ordens. Se a filosofia deve ser posta em ação, sua tarefa primeira deveria ser a de corrigir essa situação. As energias concentradas necessárias à reflexão não devem ser prematuramente canalizadas para programas ativistas ou não ativistas.

Eclipse da razão

Hoje, mesmo notáveis eruditos confundem o pensar com o planejar. Chocados com a injustiça social e com a hipocrisia em seu traje religioso tradicional, eles propõem casar ideologia e realidade ou, como preferem dizer, trazer a realidade para mais perto do desejo do nosso coração, aplicando a sabedoria da engenharia à religião. No espírito de August Comte, eles desejam estabelecer um novo catecismo social. "A cultura americana", escreve Robert Lynd,

> para ser criativa na personalidade daqueles que a vivem, necessita descobrir um núcleo de propósitos comuns altamente sugestivos e incluí-lo ostensivamente em sua estrutura; esses propósitos devem significar algo para as profundas necessidades da personalidade da grande massa do povo. Não é preciso dizer que a teologia, a escatologia e outros aspectos familiares do Cristianismo tradicional não precisam ter qualquer lugar nesse sistema operativo. É responsabilidade de uma ciência que reconhece os valores humanos como parte dos seus dados ajudar a descobrir o conteúdo e os modos de expressão de tais lealdades compartilhadas. Recusando-se a isso, a ciência torna-se cúmplice daquelas pessoas que sustentam formas religiosas ultrapassadas porque não haveria nada diferente em vista.[9]

Lynd parece encarar a religião de maneira parecida como encara a própria ciência social, que, em sua visão, "ficará em pé ou cairá de acordo com sua serventia aos homens em sua luta para viver".[10] A religião torna-se pragmática.

---

9 Lynd, *Knowledge for What*, p.239.
10 Ibid., p.177.

Sobre o conceito de filosofia

Apesar do espírito genuinamente progressista desses pensadores, eles passam ao largo do cerne do problema. Os novos catecismos sociais são ainda mais fúteis que as revivificações dos movimentos cristãos. A religião, em sua forma tradicional ou como um culto social progressista, é encarada, se não pelas grandes massas, pelo menos por seus porta-vozes autorizados, como um instrumento. Ela não pode recuperar seu estatuto propagando novos cultos da comunidade presente ou futura, do Estado ou do líder. A verdade que ela busca transmitir é comprometida por sua finalidade pragmática. Uma vez que os homens comecem a falar da esperança e do desespero religiosos em termos de "profundas necessidades da personalidade", de sentimentos comuns emocionalmente ricos ou de valores humanos cientificamente testados, a religião não tem sentido para eles. Até mesmo a prescrição de Hobbes, a de que as doutrinas religiosas sejam engolidas como pílulas, será de pouca valia. A linguagem da recomendação repudia o que pretende recomendar.

A própria teoria filosófica não pode determinar o que deve prevalecer no futuro: se a tendência barbarizante ou a perspectiva humanista. Contudo, ao fazer justiça àquelas imagens e ideias que, em certos momentos, dominaram a realidade no papel de absolutos – por exemplo, a ideia do indivíduo que predominou na era burguesa – e que foram relegados no curso da história, a filosofia pode, por assim dizer, funcionar como um corretivo da história. Logo, os estágios ideológicos do passado não seriam simplesmente igualados à estupidez e à fraude – o veredito emitido contra o pensamento medieval pela filosofia do Iluminismo francês. A explicação sociológica e psicológica das antigas crenças seria distinta da condenação e supressão filosófica delas. Embora despojadas do poder que tiveram nas

Eclipse da razão

configurações de suas épocas, elas serviriam para jogar luz sobre o curso atual da humanidade. Nessa função, a filosofia seria a memória e a consciência do gênero humano e, assim, ajudaria a evitar que o curso da humanidade assemelhe-se ao andar em círculo sem sentido dos internos de um asilo na hora do recreio.

Hoje, o progresso em direção à utopia está bloqueado, em primeiro lugar, pela completa desproporção entre o peso da esmagadora maquinaria do poder social e aquele das massas atomizadas. Todo o resto – a hipocrisia disseminada, a crença em falsas teorias, o desencorajamento do pensamento especulativo, a debilitação da vontade ou o seu desvio prematuro para atividades sem qualquer fim sob a pressão do medo – é um sintoma dessa desproporção. Se a filosofia tiver sucesso em ajudar as pessoas a reconhecer esses fatores, ela terá prestado um grande serviço à humanidade. O método de negação, a denúncia de tudo aquilo que mutila o gênero humano e impede seu livre desenvolvimento, repousa na confiança no homem. Às assim chamadas filosofias construtivas falta essa convicção e, portanto, são incapazes de enfrentar a decadência cultural. Na visão delas, a ação parece representar a realização do nosso destino eterno. Agora que a ciência nos ajudou a superar o temor do desconhecido na natureza, somos escravos das pressões sociais que nós mesmos criamos. Quando somos chamados a agir de modo independente, imploramos por padrões, sistemas e autoridades. Se por esclarecimento e progresso intelectual entendemos a libertação do homem da crença supersticiosa em forças malévolas, em demônios e fadas, no destino cego – em suma, a emancipação do medo –, então a denúncia daquilo que hoje se chama razão é o maior serviço que a razão pode prestar.

Referências bibliográficas

ADORNO, T. W. Veblen's Attack on Culture, *Studies in Philosophy and Social Science*, New York, v.IX, 1941.

BACON, F. De augmentis scientiarum. In: *The Works of Francis Bacon*. Basil Montague (ed.). London, 1827.

BEARD, C. *Economic Origin of Jeffersonian Democracy*. New York, 1915.

_____. *The American Spirit*. New York, [Macmillan] 1942.

BRADLEY, F. H. *Appearance and Reality*. Oxford, 1930.

COSTELLO, H. T. The Naturalism of Frederick Woodbridge. In: *Naturalism and the Human Spirit* [New York; London: Columbia, 1944].

DESCARTES, R. *Oeuvres de Descartes*. Paris, 1904.

DEWEY, J. A Recovery of Philosophy. In: DEWEY, J. et al. *Creative Intelligence:* Essays in the Pragmatic Attitude. New York, 1917.

_____. Anti-naturalism in extremis. *Partisan Review,* jan.-feb. 1943, x, I, [p.24-39].

_____. *Essays in Experimental Logic*. Chicago, 1916.

_____. *Experience and Nature*. Chicago, 1925.

_____. *Human Nature or Conduct*. New York, 1938.

_____. *The Philosophy of John Dewey*. Paul Arthur Schilpp (ed.). Evanston; Chicago: [Tudor Publishing Co.] 1939.

_____. et al. *Creative Intelligence:* Essays in the Pragmatic Attitude. New York, 1917.

Eclipse da razão

DICKINSON, J. Letters of Fabius [1788].

DURKHEIM, De quelques forme primitives de classification, *L'Année sociologique*, IV, 66, 1903.

EMERSON, R. W. *The Complete Works of Ralph Waldo Emerson,* Centenary ed., Boston & Nova York, 1903, v.I, p.321.

FITZHUGH, G. *Sociology for the South or the Failure of Free Society.* Richmond, Va.: [A. Morris] 1854.

FORD, P. L. (ed.). *Pamphlets on the Constitution of the United States*, Brooklyn, N.Y., 1888.

FRAZER, J. *The Golden Bough*: A Study in Comparative Religion [1890]. [Ed. Bras.: *O ramo de ouro.* São Paulo: Círculo do Livro, 1986.]

HEGEL, G. W. F. *Hegel's Logic of World and Idea.* Trad. Henry S. Macran. Oxford, 1929.

_____. *The Phenomenology of Mind.* Trad. J. B. Baillie. New York, 1931. [Ed. Bras.: *A fenomenologia do espírito.* São Paulo: Vozes, 2011.]

HOOK, S. The new failure of nerve, *Partisan Review*, jan.-feb. 1943, x, I, [p.2-23].

HORKHEIMER, M. Montaigne und die Funktion der Skepsis, *Zeitschrift für Sozialforschung*, v.VII, 1938.

JAMES, W. *Some Problems of Philosophy.* New York, 1924.

_____. *The Meaning of Truth.* New York, 1910.

_____. *Varieties of Religious Experience*, New York, 1902.

KRIKORIAN, Y. H. (Ed.) *Naturalism and the Human Spirit.* [New York] Columbia University Press, 1994.

LOCKE, J. *Locke on Civil Government*, Second Treatise, Everyman's Library.

LOMBROSO, C. *The Man of Genius.* London: [Walter Scott] 1891.

LOWENTHAL, L. Biographies in popular magazines, *Radio Research*, New York, 1942-43, p.507-48.

LYND, R. *Knowledge for What.* Princeton, 1939.

MANNHEIM, K. *Man and Society.* London, 1940. [Ed. Bras.: *O homem e a sociedade.* Rio de Janeiro: Zahar, 1962]

MORRISON, S. E.; COMMAGER, H. S. *The Growth of the American Republic.* v.I. New York, 1942.

Referências bibliográficas

MÜNSTERBERG, H. *Philosophie der Werte*. Leipzig, 1921.

NAGEL, E. Malicious Philosophies of Science, *Partisan Review*, jan.-feb. 1943, x, I [p.40-57].

NIETZSCHE, F. The Twilight of the Idols. *Complete Works of Friedrich Nietzsche*. Oscar Levy (ed.). New York, 1925. [Ed. Bras.: *Crepúsculo dos ídolos*. São Paulo: Cia das Letras, 2006.]

O'CONNOR, C. *A Speech at the Union Meeting – at the Academy of Music*. New York City: Dec. 19, 1859.

ORTEGA Y GASSET, J. *The Revolt of the Masses*. New York, 1932. [Ed. Port.: *Rebelião das massas*. Lisboa: Relógio D'Água, 1998.]

PAGE, *Class and American Sociology* [New York: The Dial Press, 1940].

PEIRCE, C. S. *Collected Papers of Charles Sanders Peirce*. Cambridge, Mass., 1934.

PLATÃO. Timaeus. In: *The Dialogues of Plato*. Trad. B. Jowett. New York, 1937. [Ed. Bras.: *Timeu e Crítias*. São Paulo: Hemus, 1981.]

POE, E. A. *The Portable Poe*. Philip van Doren Stern (ed.). New York: Viking Press, 1945.

ROUSSEAU, J. *Contrat social*. [Ed. Bras.: *Do contrato social*. São Paulo: Penguin, 2011.]

RUSSELL, B. Reply to Criticisms. In: *The Philosophy of Bertrand Russell*. Chicago, 1944.

SIMMEL, G. *Der Konflikt der Modernen Kultur*. Munich; Leipzig, 1918.

_____. *Lebensanschauung*. Munich; Leipzig, 1918.

TARDE, G. *The Laws of Imitation*. New York, 1903.

TOCQUEVILLE, A. *Democracy in America*. New York, 1898. [Ed. Bras.: *Democracia na América*. São Paulo: Martins, 2014.]

_____. *The Writings of Thomas Jefferson*. Definitive Edition. v.vii. Washington, D.C., 1905.

TOYNBEE, A. *A Study of History*. 2.ed. Londres, 1935. [Ed. Bras.: *Um estudo de história*. 4v. Rio de Janeiro: W M Jackson, 1953.]

WEBER, M. Wissenschaft als Beruf. In: *Gesammelte Aufsätze zur Wissenschaftslehre*. Tübingen, 1922. [Ed. Bras.: Ciência como vocação. In: *Ensaios de Sociologia*. 5 ed. Rio de Janeiro: Zahar, 1982.]

WESTERMARK, E. *Christianity and Moral*. New York, 1939.

SOBRE O LIVRO

Formato: 14 x 21 cm
Mancha: 23 x 44 paicas
Tipologia: Venetian 301 12,5/16
Papel: Off-white 80 g/m² (miolo)
Cartão Supremo 250 g/m² (capa)
1ª edição: 2015

EQUIPE DE REALIZAÇÃO

Capa
Andrea Yanaguita

Edição de texto
Luis Brasilino (Copidesque)
Miguel Yoshida (Revisão)

Editoração Eletrônica
Eduardo Seiji Seki (Diagramação)

Assistência Editorial
Alberto Bononi